Edition Rosenberger

Die „Edition Rosenberger" versammelt praxisnahe Werke kompetenter Autoren rund um die Themen Führung, Beratung, Personal- und Unternehmensentwicklung. Alle Werke in der Reihe erschienen ursprünglich im Rosenberger Fachverlag, gegründet von dem Unternehmens- und Führungskräfteberater Dr. Walter Rosenberger, dessen Programm Springer Gabler 2014 übernommen hat.

Rudolf Affemann

Führen durch Persönlichkeit

Selbsterfahrungsgruppen berichten

2. Auflage

Rudolf Affemann
Baden-Baden, Deutschland

Bis 2014 erschien der Titel im Rosenberger Fachverlag, Leonberg.

Edition Rosenberger
ISBN 978-3-658-07807-2   ISBN 978-3-658-07808-9 (eBook)
DOI 10.1007/978-3-658-07808-9

Die Deutsche Nationalbibliothek verzeichnet diese Publikation in der Deutschen Nationalbibliografie; detaillierte bibliografische Daten sind im Internet über http://dnb.d-nb.de abrufbar.

Springer Gabler
© Springer Fachmedien Wiesbaden Nachdruck 2016
Ursprünglich erschienen bei Rosenberger Fachverlag, Leonberg, 1997
Das Werk einschließlich aller seiner Teile ist urheberrechtlich geschützt. Jede Verwertung, die nicht ausdrücklich vom Urheberrechtsgesetz zugelassen ist, bedarf der vorherigen Zustimmung des Verlags. Das gilt insbesondere für Vervielfältigungen, Bearbeitungen, Übersetzungen, Mikroverfilmungen und die Einspeicherung und Verarbeitung in elektronischen Systemen.
Die Wiedergabe von Gebrauchsnamen, Handelsnamen, Warenbezeichnungen usw. in diesem Werk berechtigt auch ohne besondere Kennzeichnung nicht zu der Annahme, dass solche Namen im Sinne der Warenzeichen- und Markenschutz-Gesetzgebung als frei zu betrachten wären und daher von jedermann benutzt werden dürften.
Der Verlag, die Autoren und die Herausgeber gehen davon aus, dass die Angaben und Informationen in diesem Werk zum Zeitpunkt der Veröffentlichung vollständig und korrekt sind. Weder der Verlag noch die Autoren oder die Herausgeber übernehmen, ausdrücklich oder implizit, Gewähr für den Inhalt des Werkes, etwaige Fehler oder Äußerungen.

Lektorat: Ulrike M. Vetter

Gedruckt auf säurefreiem und chlorfrei gebleichtem Papier

Springer Gabler ist Teil von Springer Nature
Die eingetragene Gesellschaft ist Springer Fachmedien Wiesbaden GmbH

*Prof. Dr. Dr. Rudolf Affemann
zum 70. Geburtstag*

Geleitwort

Professor Affemann habe ich im Mai 1983 persönlich kennengelernt. Er lud mich nach Stuttgart-Untertürkheim, Rotenberger Steige 7, ein, um ein vorbereitendes Gespräch zu führen. Es ging um meine Teilnahme an einer analytischen Selbsterfahrungsgruppe zur Entwicklung von Führungspersönlichkeit. Ich hatte mich zuvor schriftlich und damit verbindlich anmelden wollen. Doch so einfach war das nicht. Rudolf Affemann wollte den potentiellen Teilnehmer vor dem offiziellen Beginn persönlich kennenlernen. Er macht das immer so.

Wer mit Rudolf Affemann über einen längeren Zeitraum zusammen arbeiten möchte, wird von ihm zunächst im persönlichen Gespräch „geprüft", ob genügend Ausdauer, Wille und kognitive Differenziertheit vorhanden sind, um z. B. mehr als drei Jahre lang an einer Gesprächsarbeit analytischer Gruppen-Selbsterfahrung mit Geist, Seele und Leib teilzunehmen. Rudolf Affemann will es eben ganz genau wissen.

Bereits ein erstes persönliches Zusammentreffen zeigt die Richtung auf, wie sich die Zusammenarbeit mit Rudolf Affemann ganz generell gestaltet:

Er empfängt den Gesprächspartner pünktlich zur vereinbarten Zeit, kommt ohne Umschweife zur Sache, fragt eindeutig und verbindlich, hört intensiv mitdenkend aktiv zu, unterbricht nicht, sagt das für den Besucher Wesentliche, verzichtet weitestgehend auf paraphrasierende Wiederholungen und gibt insofern eine ratnehmer-zugewandte Gesprächsform vor. Auf diese Weise wird das Zusammensein mit ihm zur wertvollen Zeit.

Für den Berater Rudolf Affemann gelten dabei folgende Regeln:

- Hauptbedeutung hat der Ratnehmer; dieser soll möglichst viel aus dem Gespräch mitnehmen; folglich stehen in der Beratungssituation stets die Bedürfnisse, Werte und Ziele des Ratnehmers im Mittelpunkt. Dessen Themenfelder haben Vorrang vor allen anderen Dingen, die darüber hinaus noch wichtig sein könnten.
- Das persönliche Befinden des Beraters muß zurückstehen. Der Berater bleibt im Hintergrund und soll nur das sprechen, was für den Erfolg des Ratnehmers in der konkreten Situation wichtig und nützlich ist.
- Damit der Ratnehmer aus dem Gespräch einen Gewinn ziehen kann, muß der Berater eine anteilnehmende Aufmerksamkeit einbringen. „Pures Interesse" am Ratnehmer und dessen Anliegen reicht nicht aus.
- In der Beratungssituation geht es nicht um beeindruckende Wissensvermittlung durch den Berater, auch wenn dieser dem Ratnehmer auf manchen Gebieten ein gutes Stück voraus ist.
- Der bewußte Verzicht auf visualisierende Elemente macht ein Hineinversetzen in die momentane Situation des Ratnehmers möglich und weist Rudolf Affemann eindeutig als tiefenpsychologisch fundierten, personenbezogenen Berater aus.

Auf diese Weise kann sich ein Ratnehmer fast unbefangen ausdrücken, ohne ständig einer Moralisierung oder Seelenführung ausgesetzt zu sein. Kann der Ratnehmer einerseits auf die gelebte Zurückhaltung von Rudolf Affemann setzen, so ist doch dessen „Führen durch lenkendes Begleiten" immer wieder spürbar. Meist gibt es für Rudolf Affemann einen „Königsweg" zur Auflösung von Problem- oder Themenfeldern: Alternativen werden besprochen – doch weist Affemann den Ratnehmer auf diesen herausragenden Weg einer Problemlösung hin – selbst dann, wenn dieser Weg für den Ratnehmer beschwerlich zu beschreiten ist. Gerade Linien, Wahrheit, Eindeutigkeit und Klarheit zeichnen Rudolf Affemann aus.

Wohltuend verzichtet der Berater von Bundes- und Landesministern, Unternehmensleitern und herausragenden Repräsentanten aus Wirtschaft und Gesellschaft auf eine ihn selbst verklärende „Eigen-Laudatio". Rudolf Affemann wirkt und bewirkt im Rahmen von Beratungsgesprächen und in den von ihm begründeten analytisch orientierten Selbsterfahrungsgruppen zur Entwicklung von Führungspersönlichkeit durch sein Da-Sein und So-Sein – seine Person, seine Persönlichkeit, nicht durch antrainierte Berater-Geschicklichkeiten.

Wenn und weil er Wichtiges zu sagen hat, schreibt er Artikel (dem Verfasser sind über 100 Fachaufsätze bekannt geworden), oder Bücher (über zehn Werke, handschriftlich, Wort für Wort) und hält Vorträge, durch die er in der Zwischenzeit viele Tausend Zuhörer erreichen konnte.

Mit gewisser Regelmäßigkeit war Rudolf Affemann anläßlich von Rundfunkvorträgen des Süddeutschen Rundfunks Stuttgart zu hören. Bis in die jüngste Vergangenheit war er – der evangelische Theologe, Allgemeinmediziner und analytische Psychotherapeut – Mitgestalter der anspruchsvollen Sendung „Ratgeber Lebensfragen" beim Südwestfunk Baden-Baden.

Hörer und Teilnehmer an seinen Veranstaltungen berichten immer wieder, daß Rudolf Affemann stets den Kern der Sache treffe, daß man aus seinen Worten Kraft schöpfe und daß er „immer recht hat" mit dem, was er sagt. Darüber hinaus geht ihm der Ruf voraus, sehr ernst, manchmal gar streng zu wirken. Das mag sein. Rudolf Affemann „verfügt über eine sprachliche Kraft, die weder wehleidig noch marktschreierisch mit den Problemen des Lebens umgeht, aber die Dinge nüchtern und überzeugend beim Namen nennt und deren Ernst man sich nicht entziehen kann" (Neue Zürcher Zeitung).

Rudolf Affemann ist nicht partikular interessiert – so sind die Themenfelder, denen er sich im Laufe seines Lebens angenommen hat, stets von gesamtheitlicher Qualität. Deutlich ist seine Sorge um den Staat, um die Gesellschaft im Wertewandel, um die Führung und Motivation im betrieblichen Alltag, um Bildung und Erziehung ...

Den Führenden in Staat, Wirtschaft und Gesellschaft gibt Rudolf Affemann mit der ihm eigenen Beharrlichkeit eine human-psychologische Orientierung („Wie kann unser Leben wieder menschlicher werden?") für die immer komplexer werdende Welt.

Will man Rudolf Affemann gerecht werden, dann geht es ihm im Kern immer um die orientierunggebende Entwicklung der Menschen, seien es Kinder, Jugendliche, Erwachsene, Ältere oder seien sie im Beruf als Führungskräfte, Unternehmer, Berater, Verkäufer, Personalleiter etc. beeinflussend tätig. Affemann macht die Dinge am Mangel geistiger Führung und deren erzieherischen Folgen und Wirkungen fest. Führungsfehler liegen seiner Überzeugung nach in der nicht vorhandenen oder nachlassenden Orientierung derjenigen, die Orientierung geben sollen.

Dort wo Rudolf Affemann warnend auftritt, hat er – rückschauend betrachtet – meist recht behalten. Die Notwendigkeit werteorientierter Staats- und Unternehmensführung z. B. gewinnt gegenwärtig größte Bedeutung; ist doch unübersehbar, daß Deutschland bevorzugt fast nur noch im Zusammenhang mit „Wirtschaft" oder „Standort" begriffen wird und die heute weit verbreitete Profit-Orientierung unternehmerischen Handelns (z. B. Shareholder-Value-Diskussion) ängste-auslösenden Vorrang vor der Schaffung von Arbeitsplätzen einnimmt.

Rudolf Affemann weist immer wieder eindringlich darauf hin, daß an allen Eckpunkten der Gesellschaft ein Zusammenführen der Werte Verantwortlichkeit, Wirtschaftlichkeit und Menschlichkeit anzustreben sei; daß sich Staats- und Unternehmensführung in europäischem Geist am wirkungsvollsten zeigt; daß Anleihen aus den amerikanischen oder japanischen Wirtschafts- und Gesellschaftssystemen nur behutsam und wohl durchdacht in Deutschland eingeführt werden sollten.

Wer wie Rudolf Affemann einen festen Standpunkt vertritt, erntet nicht von allen Seiten den verdienten Zuspruch. Wie stets in der Geschichte sind Persönlichkeiten, die (noch) vermeidbare Irrtümer aufzeigen, die vor dem Krankwerden an der Gesellschaft warnen und auf eine wertorientierte Unternehmensführung hinweisen, die ihre Grundlagen aus der europäischen Geistesgeschichte zieht, manchem und manchmal unbequem. Doch wie gesagt: Rudolf Affemann hat letztlich meist recht behalten.

ROSENBERGER FACHVERLAG Leonberg darf nach den Büchern „Mensch und Arbeitswelt. Gesammelte Vorträge und Aufsätze" und „Unternehmensführung – Made in Europa" nun schon das dritte Buch von Rudolf Affemann verlegen. Dafür sind wir sehr dankbar.

Im vorliegenden Buch „Führen durch Persönlichkeit", das rechtzeitig zum 70. Geburtstag von Prof. Dr. med. Dr. theol. Rudolf Affemann erscheinen kann, beschreibt der Autor nicht nur, was beim Führen in Wirtschaft und Gesellschaft falsch „läuft"; Rudolf Affemann und Teilnehmer an den analytisch orientierten Selbsterfahrungsgruppen weisen vielmehr eindringlich nach, wie man als Führungskraft Defizite ausgleichen kann – durch Persönlichkeitsbildung bei jenen, die als Führende Kraft und Orientierung geben sollen.

Leonberg, im August 1997
WALTER ROSENBERGER

Inhaltsverzeichnis

Geleitwort von Walter Rosenberger I
Inhaltsverzeichnis VII

Zum Thema Führungspersönlichkeit 1
I. Mangel an Führungspersönlichkeiten 3
II. Führen wird wichtiger –
Führen wird schwieriger 11
III. Wesenszüge von Führungspersönlichkeit –
Ziele von Persönlichkeitsbildung 31

Zum Thema Gruppenarbeit 49
IV. Persönlichkeitsbildung in analytisch orientierten
Selbsterfahrungsgruppen 51
   1. Die Gruppe als Übungsfeld 54
   2. Das Analytische in der Gruppe 68
   3. Die Gruppe als Raum neuer Erfahrungen 82
V. Voraussetzungen der Gruppenarbeit 103
VI. Erfahrungsberichte 111
VII. Konsequenzen 161

Zum Autor 163

Zum Thema
Führungspersönlichkeit

I. Mangel an Führungspersönlichkeiten

Jeder, der damit zu tun hat, weiß, wie schwer es ist, gute Führungskräfte zu finden. Das ist um so mehr der Fall, wenn man davon ausgeht, daß sich Führung nicht nur aus fachlicher Kompetenz ergibt. Zur Führung gehören Eigenschaften, die mit der Persönlichkeit des Führenden zu tun haben. *Zur Führung gehört Persönlichkeit.* Fachliche Befähigung kommt erst dann recht zum Tragen, wenn sie mit einem Blick für das Wesentliche, mit kritischer Urteilskraft, methodischer Befähigung, Standfestigkeit und Belastbarkeit verbunden ist. Sollen die gesetzten Ziele erreicht werden, so verlangt das von den Führenden wichtige mitmenschliche Qualitäten. Sie sind ebenfalls wesentlicher Bestandteil von Führungspersönlichkeit. Ich meine damit die Fähigkeit, mit Leuten umzugehen, sie anzuleiten, ihre Arbeit lenkend zu begleiten.

Ebenso wichtig ist die *mobilisierende Kraft* von Führungspersönlichkeiten, die Mitarbeitern hilft, gegen Schwierigkeiten anzugehen. Eine Führungspersönlichkeit muß neben dem Bezug zur Sache auch einen grundlegenden *Bezug zum Mitmenschen* aufweisen. Die Mitarbeiter dürfen nicht den Rang von Sachen erhalten. Sie führen heißt zwar mit ihnen zusammen sachhafte Ziele verfolgen: Herstellen von Gütern, Bereitstellen von Dienstleistungen, Decken von Kosten, Erzielen von Gewinnen. Die Mitarbeiter müssen hierbei aber als Menschen gesehen und behandelt werden. Mitmenschlichkeit ist eine Seite von Persönlichkeit.

Ich habe den Eindruck, daß es heutzutage schwieriger ist, Führungspersönlichkeiten zu finden als vor etwa dreißig Jahren. Der Grund liegt nicht allein darin, daß Wachstum der Wirtschaft mit Vermehrung von Führungspositionen einherging: Als Folge der vergrößerten Nachfrage erscheint das Angebot geringer. Die Ursache jenes Mangels ist ebenfalls nicht nur darin zu suchen, daß zufriedene Führungskräfte wenig Neigung verspüren, die Firma zu wechseln und daß möglicherweise auch bei ihnen die berufliche Mobilität abnimmt. Den Hauptgrund sehe ich darin: Wichtige Führungseigenschaften sind seltener geworden. Sie sind schwächer ausgeprägt, wurden weniger entwickelt.

Folgende Zusammenhänge spielen dabei eine Rolle: Vor drei bis vier Jahrzehnten – das ist der Zeitraum, den ich aufgrund eigener Erfahrung beurteilen kann – waren einige Führungspotentiale häufiger vorhanden als in der Gegenwart. Ich meine damit z. B. Standfestigkeit, Beharrlichkeit, Zähigkeit, Durchhaltevermögen, Belastbarkeit, Mobilisierungskraft. Eigenschaften, die mit seelischer Kraft, mit Festigkeit der Persönlichkeit zu tun haben, scheinen mir früher stärker ausgeprägt gewesen zu sein. Mit jenen Wesenszügen war auf der anderen Seite häufig aber eine Form von Führung verbunden, die man mit den Stichworten „autoritär", „hierarchisch" kennzeichnen kann. Der Mitarbeiter wurde oftmals zum Befehlsempfänger gemacht. Führung mit den Mitteln von Druck und Angst war keine Seltenheit. Mitarbeiter hielt man oft in Unselbständigkeit. Entschlüsse faßte die Führungsspitze meistens zu einsam.

Besonders seit der zweiten Hälfte der sechziger Jahre änderte sich das gesellschaftliche Klima im Großen und im Kleinen rapid. Macht erschien suspekt; sie wurde verteilt und kontrolliert. Auch in der Wirtschaft wirkten sich die Demokratisierungsbestrebungen aus. In einem gewissen Umfang war das sinnvoll und hilfreich. An die Stelle der Neigung, Mitarbeiter zu ausführenden Organen zu machen, trat die prinzipielle Tendenz, ihre Selbständigkeit zu fördern, sie als Menschen zu respektieren, ihre Erfahrung bei der Meinungsbildung und Entscheidungsfindung der Führenden mit einzubeziehen. Es kann nicht übersehen werden, daß die frühere autoritäre Behandlung der Untergebenen oftmals von einem modernen technokratischen Umgang mit ihnen abgelöst wurde, bei dem erneut ihr Menschsein in der Arbeitswelt nicht genügend gewahrt bleibt. Jene Entwicklung des Abbaus von Herrschaft und Machtmißbrauch in der Wirtschaft wirkte sich aber auch negativ aus, u. a. was wichtige Führungspotentiale anlangt. Zusammen mit Mißbrauch von Macht, mit Ablehnung äußerer Macht, die sich nur auf Machtpositionen gründet, wurde der Wert von Führungskraft herabgemindert. *Führungskraft ist eine seelische Qualität,* die unabhängig von den Machtmöglichkeiten einer Führungsposition vorhanden sein sollte. Diese Kraft benötigt der Führende, um gegen Widrigkeiten – unter Umständen auch gegen die Meinung seiner Umgebung (siehe z. B. die Führungsaufgabe von Politikern) – an Zielen, die ihm richtig erscheinen, festzuhalten. Kraft ist nötig, um Mitarbeiter zu bewegen, auf diese Ziele hinzuarbeiten. Je schwieriger der Weg, um so weniger kann man sich darauf verlassen, daß Information über Ziele und verständliches Annehmen dieser Ziele durch die Mitarbeiter ausreicht, um sie auf jene Ziele hin zu motivieren. Gerade wer versucht, mit möglichst wenig Druck und Angst in der Führung auszukommen, benötigt um so mehr seelische Kraft, um Mitarbeiter zu mobilisieren. Diese Kraft ist Ausdruck von Persönlichkeitsstärke.

Persönlichkeitsstärke wurde aber in der jüngeren Vergangenheit oft als autoritär angeschwärzt; sie wurde häufig wenig geduldet und vor allem zu wenig gefördert. Wesenszüge des Menschen, die abgewertet, zu wenig angefordert und gefördert werden, verkümmern jedoch. Daß wir heute Schwierigkeiten haben, gute Führungskräfte zu finden, geht wesentlich darauf zurück, daß sich Führungskräfte in vielen Menschen zurückentwickelten bzw. unterentwickelt blieben. Damit hängt eng zusammen, daß Führung überhaupt verdächtig wurde. Natürlich haben gerade wir Deutsche allen Grund zur kritischen Betrachtung von Führung. Mehr kritische Unterscheidung zwischen Verführung auf falsche

Ziele hin, mit falschen Mitteln und fragwürdigen Absichten auf der einen Seite sowie notwendiger Führung auf der anderen Seite wäre bei unserer Vergangenheitsbewältigung erforderlich gewesen. Diese sorgfältige Differenzierung geschah zu wenig. Dafür stellte sich häufig ein: generelle Diffamierung von Führung und als Folge davon Führungsschwäche, Führungslosigkeit, Anpassung, Laufenlassen.

Umgang mit Menschen sollte demgegenüber immer die beiden Elemente beinhalten: den anderen im Rahmen seiner verantwortlichen Selbstbestimmung und der vorhandenen Selbständigkeit machen lassen und ihn – vor allem jenseits seiner Grenzen – führen. Der Akzent verschob sich in der jüngeren Vergangenheit zu sehr auf das Lassen. Dabei wurde im allgemeinen nicht gesehen, daß hier Freiräume eröffnet wurden, die der einzelne oftmals nicht sinnvoll, verantwortlich ausfüllen konnte. Im Raum des Politischen sowie in der Erziehung zeigt sich das überdeutlich. Aber auch in der Wirtschaft ließen die Führenden oft mehr die Zügel schleifen, als für den Betrieb, die Mitarbeiter und das Gemeinwesen, in das die Unternehmen eingebettet sind, gut war. Bei der zu starken Betonung des Lassens verkümmerten die Fähigkeiten des Führens, die mit dem Lassen immer in ein spannungsvolles Gleichgewicht zu bringen sind. Um diesen Zusammenhang zu verdeutlichen, mag sich jeder Leser selbst die Frage vorlegen: Inwieweit werden die Kinder der antiautoritären Erziehung, die keine oder fast keine erzieherische Führung erlebten, wohl imstande sein, als Erwachsene zu führen?

Bezeichnend für das in jenem Zeitraum herrschende Klima war, daß anstelle der deutschen Worte „Führen" und „Führung" von „Managen", „Management" und „Managementtechniken" gesprochen wurde. *Auf dem Weg vom Führen zum Managen blieb Führungspersönlichkeit auf der Strecke.* Führen wird beim Managen eindimensional. Führen aufgrund von Persönlichkeit ist hingegen durch die Mehrdimensionalität von Persönlichkeit gekennzeichnet. Beim Managen wird Führung auf die Ebene des Wissens und Machens reduziert. Man glaubt: Wer nicht richtig führt, dem fehlt es an Führungswissen. Und umgekehrt: Besitzt einer genügend und das richtige Führungswissen, so ist er auch imstande, das entsprechend umzusetzen. Die Zeit der großen Managementsysteme – aber auch die der vielen kleinen Managingrezepte – brach an: „Management by ...". Vom richtigen Managementkonzept versprach man sich den richtigen Umgang mit den Leuten und das Funktionieren des Betriebs. Dabei wurde übersehen, daß jedes System nur soviel hergibt, wie der Mensch, der es handhabt. *Die Grenzen aller Managementkonzepte, Kenntnisse und Techniken liegen im Menschen selbst.* Infolge seiner Irrationalismen, seiner Mängel und Schwächen steht er oft dem als richtig Erkannten selbst im Wege. Bestehen bei ihm aber wenig emotional-soziale Störfelder, dann ist es hingegen oft erstaunlich, wie einfach seine Führungsleitsätze und sein alltägliches ABC der Menschenführung aussieht.

Mit alledem soll selbstredend nicht der Wert von Führungswissen in Abrede gestellt werden. Führungswissen ist ein Handwerkszeug. Über die damit erzielten Ergebnisse entscheidet derjenige, der hiermit umgeht. Gutes Handwerkszeug macht allerdings noch keinen guten Handwerker. Ich möchte damit deutlich machen, daß in jener Epoche Führungswissen rationalistisch überschätzt wurde, daß aber beim Menschen die entsprechenden emotional-zwischenmenschlichen Voraussetzungen gegeben sein müssen, wenn er mit seinem Wissen etwas richtiges zustande bringen will. Bei vielen Führungstheorien wäre im Hinblick auf die Führungspraxis des Alltags mehr Zentrierung auf das Wesentliche notwendig.

Der Glaube, wer das Rechte wisse, könne es auch anschließend richtig machen, fördert die Ausbreitung von Führungs- und Managementtechniken. Es liegt aber in der Natur der Technik, daß der Anwender denjenigen, auf den er sie anwendet, zum Objekt seiner Technik macht. *Technischer Umgang miteinander ist unpersönlicher Umgang.* In den Verhaltenstechniken äußert sich ja gerade nicht die individuelle Eigenart der Persönlichkeit dessen, der sie benutzt. Sie wird vielmehr von Techniken, die zur Verwendung für jedermann gedacht sind, zurückgedrängt und zugedeckt. Oft nimmt man zu ihnen Zuflucht, weil man sich unsicher fühlt, dem Partner so zu begegnen, wie man ist. Techniken sind unpersönliche Medien, die sich zwischen Mensch und Mitmensch schieben. In dem Maße, wie sie Verbreitung fanden, wurde natürlich der Führende auch nicht mehr gefordert, seine persönlichen Fähigkeiten, mit Mitarbeitern umzugehen, zu entwickeln, seine Art der Äußerung zu lernen.

Das Schwergewicht lag auf Führungswissen und Führungstechnik, auf Kopf und Machen. Die wichtigen Schichten der menschlichen Persönlichkeit, das Emotionale und das Zwischenmenschliche als Ausdruck individueller Persönlichkeit, wurde hierbei ausgespart. Was nicht gefordert wird, ist bald vergessen. Was nicht gefördert wird, bildet sich ebenfalls zurück. Unmittelbare Beziehungen zwischen Mensch und Mensch sind zu fordern und fördern. Mittelbare Beziehungen, die die Bereiche des Emotionalen und die einmalige Persönlichkeit ausklammern, müssen eine Verarmung personaler Führungsfähigkeit und eine Stagnation in der Entwicklung von Persönlichkeit bewirken.

Es sei nochmals darauf verwiesen, daß dieses Klima der Überbetonung des Rational-Technischen sowie der Unterbewertung des Emotional-Persönlichen ja nicht nur in der Wirtschaft, sondern in der ganzen Gesellschaft bestand. Auch außerhalb der Arbeitswelt wurden Menschen in diesem Sinne geformt. Unser ganzes Bildungswesen ist seit den Anfängen der sogenannten Bildungsreform in der ersten Hälfte der sechziger Jahre durch jene Einseitigkeit gekennzeichnet. Unsere Schulen trugen wesentlich bei zur eindimensionalen Entwicklung junger Menschen, die heute im Berufsleben stehen und oft erhebliche Führungsschwächen zeigen. Das Ziel von Persönlichkeitsbildung ging im Bildungswesen der letzten dreißig Jahre unter.

Zur Persönlichkeitsbildung gehört wesentlich *Erziehung*. Sie wurde in der Schule durch die Überbewertung von Fachunterricht zugedeckt. Mangelnde Entfaltung von Führungseigenschaften und Führungspersönlichkeiten – von Persönlichkeit überhaupt – geht aber natürlich nicht allein auf das Konto der Schule. Auch das Klima in vielen Familien war bei Erwachsenen und Kindern häufig wenig dazu geeignet, persönliches Wachstum zu fördern. Damit personale Qualitäten heranreifen können, ist gefühlsmäßige Sicherheit erforderlich. Dies verlangt feste zwischenmenschliche Bindungen. Unsere Bindungsbereitschaft sowie die Bindungsfähigkeit ging jedoch zurück. Heranreifen von Persönlichkeit benötigt Beziehungen, die nicht durch Zweckrationales geprägt sind. Unter uns stellte sich jedoch die Betrachtungsweise ein: „Was bringt's? Was bringt mir ein anderer, eine Beziehung, ein Zusammentreffen?" Damit verbunden trat eine Akzentverschiebung in der Einstellung zu anderen Menschen ein, die ebenfalls der Reifung des Menschen und der Bildung sozialer Fähigkeiten unzuträglich ist: „Was bringt *mir* dieses oder jenes?" – Ich glaube, wir müssen uns eingestehen, daß sich manches an Egoismus in unseren Beziehungen ausgebreitet hat.

Zur Führungspersönlichkeit – wie ich sie verstehe – gehört ein starker mitmenschlicher Bezug. Er wird nur aufgebaut, wenn die Einstellung „Was bringt es mir?" mit der Einstellung „Was bringe ich anderen?" verknüpft wird. Trotz allen Redens vom Sozialen überwog in unserer Art zu leben das Element des Individualistisch-Egoistischen meistens den wirklichen Sozialbezug. Eine Quittung dafür erhalten wir heute, indem es nun an reifen, auf die Gemeinschaft bezogenen Menschen mangelt, die aufgrund ihrer Persönlichkeit Führung ausüben können und die imstande sind, in Wirtschaft, öffentlicher Verwaltung und Politik zu einem höheren Maß an Effektivität und Humanität hinzuführen.

II. Führen wird wichtiger – Führen wird schwieriger

Führen wird wichtiger und schwieriger, weil sich die Rahmenbedingungen der Wirtschaft verschlechtert und weil sich die Anforderungen an Führungskräfte auch aus anderen Gründen erhöht haben. In einer Gesellschaft, in der die Ampeln auf Expansion standen, unter Bedingungen, die dem Wachstum der Wirtschaft günstig waren, fiel es den meisten Unternehmen relativ leicht zu verkaufen und zu produzieren – „relativ", gemessen an den derzeitigen Gegebenheiten. Die Zeiten größerer Zuwachsraten der Wirtschaft scheinen vorüber zu sein. In schwierigeren Verhältnissen ist Umsätze machen und Gewinne erzielen sehr viel schwerer als in der Vergangenheit. Diese unternehmerische Aufgabe kann natürlich nicht von einzelnen Unternehmern an der Spitze allein gelöst werden. *Eine Reihe von Leitenden trägt für die richtigen Unternehmensentscheidungen und vor allem für ihre Durchführung Mitverantwortung.* Führen bedeutet für sie u. a. neue Einfälle haben, geistig beweglich sein, Projekte noch kritischer und gründlicher auf Marktchancen, Machbarkeit, Aussichten auf Ertrag überprüfen, als es bislang geschah.

Das kritisch gründliche Durchdringen von Vorhaben, bei denen ja verschiedene Einflußgrößen aufeinandertreffen, die manchmal schwer zu bewerten sind, erfordert neben einem hohen Maß von Methodik viel geistige und seelische Spannkraft. Wieder stellen sich hohe Anforderungen an die Persönlichkeit der Führenden. In gewissem Umfang lassen sich die Risiken unternehmerischer Entscheidungen gar nicht abschätzen. Das mit ihnen verbundene Wagnis muß durchgestanden werden. Oft zeigt sich erst nach Jahren, ob solche Entscheidungen richtig waren. Von ihnen kann die Existenz des Betriebes abhängen. Wie groß ist also die Belastbarkeit von Führungspersönlichkeiten, um derartigen Beanspruchungen gewachsen zu sein?

Führen wird wichtiger und schwieriger im Zeichen der schneller werdenden technologischen Umbruchprozesse. Um die internationale Wettbewerbsfähigkeit unserer Unternehmen zu erhalten, ist es nötig, die Produktivität mittels neuer Technologien zu steigern. Die technologische Entwicklung verläuft immer schneller. Das bedeutet: Neue Produkte und Verfahren lösen sich zunehmend rascher ab. Es ist also unumgänglich, daß Mitarbeiter von ihrer vertrauten Arbeit und Arbeitsweise Abschied nehmen. Sie müssen sich offen halten für Neues. Ihre Lernbereitschaft und ihre Lernfähigkeit gilt es wachzuhalten. Nur so können sie mit den neuen Arbeitsmitteln umgehen. Damit sind zum Teil große geistige und seelische Umstellungen verbunden. Unsicherheit und Ängste können hierbei nicht ausbleiben. Bei alledem dürfen die Führenden ihre Mitarbeiter nicht allein lassen.

Auf der einen Seite tragen Arbeitnehmer Verantwortung dafür, sich arbeitsfähig zu halten. Im Hinblick auf die Steigerung von Produktivität durch Einsatz neuer Technologien heißt das: Die Arbeitnehmer müssen zunächst einmal alles tun, was ihnen möglich ist, um sich ihre Lernbereitschaft und Lernfähigkeit zu erhalten. Zugleich stellt sich hier eine Aufgabe, die weit über die Möglichkeiten des Einzelmenschen hinausgeht. So ist es wesentlicher Auftrag unseres Bildungssystems, Lernfreude zu fördern und nicht zum Abstumpfen von Lernbereitschaft beizutragen. Eine vordringliche Bildungsaufgabe stellt es dar, Lernen zu lehren und auf lebenslanges Lernen vorzubereiten. Auch die Weiterbildung der Wirtschaft trägt hier Verantwortung. Selbst der einzelne Vorgesetzte ist im Rahmen seiner Möglichkeiten mitverantwortlich für Lernbereitschaft und Lernfähigkeit seiner Mitarbeiter. Am Tage X darf ihnen nicht plötzlich die Umstellung auf eine neue Technologie „hingeknallt" werden.

Zu Führung gehört also, daß das *Bewußtsein für die Notwendigkeit der Ein- und Umstellung auf Neues* wachgehalten, daß Lernbereitschaft und Lernfähigkeit durch Weiterbildung gefordert und gefördert wird. Angebote zur Weiterbildung in den Betrieben reichen nicht aus – sie müssen auch genutzt werden. Der direkte Vorgesetzte sollte sich Gedanken machen, wer von seinen Mitarbeitern was wahrnehmen sollte. Er sollte sie hierzu anregen und auch bei Widerständen nicht so rasch erlahmen. Den Mitarbeitern muß aber ebenso – auch das gehört zur Führung im Zeichen raschen technologischen Umbruchs – deutlich und mehrfach gesagt werden, daß jeder Arbeitnehmer, der nicht von sich aus unter anderem in seiner Freizeit – alles tut, was er vermag, um den neuen Anforderungen am Arbeitsplatz gewachsen zu sein, selbst seinen Arbeitsplatz gefährdet. Die Pflicht zu sozialer Solidarität erstreckt sich meines Erachtens nur auf diejenigen, deren Arbeitsfähigkeit unverschuldet – z. B. durch normale Alterungsprozesse – eingeschränkt wird. Auch an diesem Punkt muß der Leitende mit den Mitarbeitern in einem kritischen Gespräch bleiben. Mancher schiebt Altwerden vor, weil er aus anderen Gründen nicht an Weiterbildung heran will.

Wollen wir unser hohes Niveau von Einkommen und sozialer Sicherheit erhalten, so ist Steigerung der Produktivität, Verwendung neuer technischer Mittel unabdingbar. Allerdings muß den Mitarbeitern durch entsprechende Vorbereitung und Begleitung hierbei zur Seite gestanden werden. Die Führenden sollten Verständnis dafür aufbringen, wenn Mitarbeiter bei solchen Veränderungen innerlich unsicher werden oder gar Angst bekommen. Wer hier als Leitender z. B. sagt: „Du brauchst doch keine Angst um Deinen Arbeitsplatz zu haben, wenn Du jetzt einen Fertigungsautomaten bedienst, nachdem Du vorher Punktschweißen gemacht hast. Du hast ja nun ebenfalls einen sicheren Arbeitsplatz", hilft nicht. Angst um den Verlust des Arbeitsplatzes ist in diesem Falle nicht das Problem. Angst entsteht hier, weil man Jahre und jahrzehntelang bestimmte Handgriffe gemacht hat, nun aus dem Tritt ist und Zeit braucht, um sich an die neuen Abläufe zu gewöhnen. Führung heißt gerade vor diesem Hintergrund: Verstehen des Menschen, sich in den anderen hineinversetzen können. Wird der Mitarbeiter in einer solchen Lage verstanden, so ist ihm schon viel geholfen, auch wenn sich an den äußeren Gegebenheiten nichts ändert. Verstehen bedeutet übrigens nicht, den Ausweichtendenzen, die ja in schwierigen Situationen öfters auftreten, Vorschub zu leisten. Die richtige Haltung ist: „Ich kann Ihnen nachfühlen, daß es Ihnen so oder so zumute ist (und das darf keine Phrase sein). Aber da hilft alles nichts. Wir müssen hier durch."

Zunahme von Produktivität ist mit mancherlei Umstellung und neuen Anspannungen verknüpft. Wenn vermieden werden soll, daß hierdurch ein Klima entsteht, in dem sich der arbeitende Mensch nur als Rädchen in einer Hochleistungsmaschinerie empfindet, so verlangt dies menschliche Zuwendung von seiten der Führenden. Führungstechniken helfen hier nicht. Sie sind geeignet, das Arbeitsklima noch unpersönlicher und kühler zu machen. Wird Steigerung der Produktivität nicht mit Erhöhung menschlicher Zuwendung durch die Führenden und Verbesserung ihres Umgangs mit den Mitarbeitern – z. B. durch Entwicklung ihrer Gesprächsfähigkeit – gepaart, dann ist mit einer Zunahme von Störungen bis hin zu Krankheiten und vorzeitigem Verschleiß zu rechnen. Wer schon nicht einsieht, daß Anstieg der Produktivität mit Erhöhung der Humanität, die von den Führenden auszugehen hat, verknüpft sein muß, sollte wenigstens klug genug sein, um zu begreifen, daß die Folgen einer solchen Gleichgewichtsverschiebung in Gestalt von zahlreichen Störungen beim einzelnen, zwischen Mitarbeitern, vermehrten Krankheiten und vorzeitigem Eintritt in das Rentenalter auf die Wirtschaft, also auf jeden einzelnen Betrieb, zurückfallen.

Dies hat zur Folge, daß die Leitenden umdenken und sich ebenfalls, und zwar noch früher als die Mitarbeiter, umstellen müssen. Diese Folgerung sollte allerdings gerade nicht die Tendenz von manchen cleveren Managern verstärken, sich innerlich so profil- und standpunktlos zu halten, daß sie jeweils auf das gerade Neue setzen und daher immer mit von der Partie sind. Jene Forderung läuft umgekehrt auf Führungspersönlichkeiten hinaus, die über soviel innere Stärke verfügen, daß sie sich weder an Altem festhalten, noch ihr Selbstgefühl aus dem beziehen müssen, was jeweils gerade ankommt. Führungspersönlichkeiten sind gemeint, die aufgrund ihrer inneren Festigkeit offen für Neues sein können. Sie befinden sich selbst in einem Prozeß des Reifwerdens und sind daher fähig, sich auch jeweils auf das einzulassen, was in ihrer Umwelt an Erneuerung erforderlich ist.

Führen wird wichtiger und schwieriger, weil sich die Finanzsituation der meisten Unternehmen verschlechtert hat. Zu den verschlechterten Randbedingungen der Unternehmen gehört ihre in den letzten zwanzig Jahren im Durchschnitt erheblich gesunkene Eigenkapitalausstattung. Tritt hierzu noch ein hohes Zinsniveau, so wird das unternehmerische Risiko und damit die Beanspruchung der Leitenden noch größer. Die oft recht angespannte Finanzlage dürfte – wie zu befürchten ist – auch in Zukunft weiter strapaziert werden durch Lohn- und Gehaltserhöhungen, die mittels Ausweitung der Gewinne nicht hinreichend aufgefangen werden können. Also müssen Kosten gesenkt werden. Auch an dieser Stelle sind die Führenden gefordert. In der Vergangenheit konnte man manches, das zu überflüssigen Kosten führte, vielleicht noch laufen lassen. Mitarbeiter packten Projekte an, arbeiteten Monate daran. Dann stellte sich heraus, daß die Sache nicht genügend bringt. Das Vorhaben wurde eingestellt. Die Mitarbeiter hatten jedoch viele Arbeitsstunden hierfür aufgewendet. Es entstanden erhebliche Kosten, die zu keinen Gewinnen führten. Mitarbeiter wurden enttäuscht, weil sie für den Papierkorb gearbeitet hatten. Frustrationen mußten von ihnen verdaut werden. In gewissem Umfang ist all dies unvermeidlich. Es gehört zum Risiko des Wirtschaftens. Dennoch ist es in Zukunft unumgänglich, daß sich die Leitenden vor Beginn solcher Projekte noch gründlicher überlegen: Wie wichtig ist eine solche Sache, wie groß sind vermutlich ihre Schwierigkeitsgrade, wieviel wird wahrscheinlich dabei herauskommen? Stehen Aufwand und Ertrag in einem angemessenen Verhältnis? Führende müssen sich künftig noch intensiver in die Vorplanung von Projekten hineinknien, bevor sie den Startschuß für ihre Mitarbeiter geben.

Das erfordert einen ziemlichen Kraftaufwand. Fehler, die in Gestalt von Kosten zu Buche schlagen, werden häufig von Mitarbeitern auch deshalb gemacht, weil man sie zu sehr alleine „wursteln" läßt. Hinfort ist es folglich notwendig, daß Führende die Arbeit ihrer Mitarbeiter stärker begleiten, daß sie ihnen mit ihrem größeren Überblick, mit ihrer – hoffentlich – besseren Methodik des Arbeitens, mit ihrer oft vorhandenen Erfahrung zur Seite stehen. Diese intensivere Begleitung hat als Positivum, daß Mitarbeiter besser beraten, angeleitet, auf das Ziel bezogen, vor ineffektiver Arbeit und Mißerfolg eher bewahrt werden. Als Kehrseite hiervon könnte man befürchten, daß mit der kleiner werdenden Möglichkeit des Mitarbeiters, Fehler zu machen, auch sein Freiraum schrumpft, daß er mehr unter Kontrolle gerät. In gewissem Umfang ist tatsächlich eine Zunahme von Kontrolle unumgänglich – zumindest bis neue Verhaltensweisen gelernt sind.

In den hinter uns liegenden Jahren konnten Unkosten, die auf Gedankenlosigkeit, Bequemlichkleit und andere Schwächen von Mitarbeitern zurückgingen, meistens kompensiert werden. In Zeiten, in denen die Gewinne spärlicher ausfallen oder gar Verluste auftreten, ist das nicht mehr möglich. Aus Überlebensgründen gilt es, vermeidbare Kosten abzubauen. Im anderen Fall werden noch mehr Firmen schließen müssen. Davon sind aber Gerechte und Ungerechte betroffen. Veränderung von Einstellungen, die in der Überflußgesellschaft, in der es nicht so darauf ankam, entstanden sind, ist eine Erziehungsaufgabe, der sich die Führenden zu stellen haben. Umstellung bis in Kleinigkeiten hinein ist zum Teil unumgänglich: weniger Zeit verquatschen, sorgsameres Umgehen mit Arbeitsgegenständen. All dies darf nicht in Kleinigkeitskrämerei, Gängelei oder gar in Hinterherspionieren ausarten. Schwachstellen müssen von Führenden anhand von Beispielen, auf die sie auch ohne Herumschnüffeln stoßen, immer wieder beim Namen genannt werden. So kommt ein schrittweiser Veränderungsprozeß in Gang. Von den Führenden verlangt dies neben einem hohen Maß seelischer Kraft zähe, geduldige Konsequenz und Fähigkeiten im Umgang mit den Mitarbeitern.

Ein Rückfall in autoritäres Führen darf auch angesichts der angespannten Situation vieler Betriebe nicht passieren. Zur Zeit gibt es aber Anzeichen dafür, daß einige Führende anfangen, alte Rechnungen zu begleichen. Nachdem sie lange genug viele Zumutungen von Arbeitnehmern schlucken mußten, beginnen sie jetzt, wo Arbeitslosigkeit um sich greift, es manch einem heimzuzahlen. Einige greifen wie in alten Zeiten zum Mittel des Drucks nach dem Motto: „Wer nicht spurt, kann gehen." Hier müssen Führende nun sehr genau differenzieren. Gewiß ist es höchste Zeit, daß fundamentale Wahrheiten, die aber lange tabuisiert waren, in der Öffentlichkeit und Mitarbeitern gegenüber deutlich und vernehmbar angesprochen werden. Dazu gehört: Wer faul ist und das gleiche Geld wie seine Kollegen einschiebt, lebt auf deren Kosten. Dieses unsoziale Benehmen kann von der Gemeinschaft nicht hingenommen werden. Im anderen Fall wird parasitäres Verhalten gefördert und werden die Arbeitsamen überfordert. Wer sich unsozial verhält, kann auf die Dauer nicht damit rechnen, daß sich die Gemeinschaft ihm gegenüber sozial verhält. Das muß klar gesagt und nach dieser Devise muß klar gehandelt werden. Es ist allerdings ein Unterschied, ob man Leute, mit deren Verhalten man nicht einverstanden ist, mit einem Entlassungsschreiben plötzlich auf die Straße setzt, oder ob ihnen der Vorgesetzte unter vier Augen frühzeitig eröffnet, was ihm an ihrer Einstellung zur Arbeit nicht gefällt und ob er sie durch führende Erziehung dazu anhält, ihre Einstellung zu ändern. Führende müssen es mehr lernen und praktizieren, das, was ihnen und den Mitarbeitern nicht paßt, offen auszutragen, bevor es dann unter Umständen zu einer Versetzung oder zu einer Entlassung kommt.

Manches an Schlamperei, gegen das in Zeiten des Arbeitskräftemangels faktisch wenig zu machen war, darf heute, nachdem die Kosten davonlaufen, nicht mehr hingenommen werden. Aber wie gesagt, man muß persönlich mit den Leuten reden, anstatt seinen Ärger herunterzuschlucken, schriftliche Abmahnungen zu schicken und wenn das nichts nützt, zu feuern. Vieles an Schlamperei und anderen Ineffektivitäten bei der Arbeit geht auf den Schwund elementarer Tugenden und Einstellungen wie Pflichtgefühl, Verantwortungsbewußtsein, Mitdenken, Fleiß, Sparsamkeit, Pünktlichkeit (siehe die verbreiteten Terminschlampereien), Gründlichkeit, Zuverlässigkeit u.a. zurück. Mancher glaubt heute, „mit links" sein Geld verdienen zu können. Mancher erholt sich am Montag bei der Arbeit von dem Freizeitstreß des Wochenendes. Hier müssen Führende in vielen Einzelsituationen immer wieder deutlich machen: „So geht das nicht. So wirtschaften wir unseren Betrieb, die Wirtschaft, und letztlich uns selbst in Grund und Boden." Es ist für unser Gemeinwesen eine Überlebensfrage, ob wir zu jenen Tugenden zurückfinden. Dafür tragen die Arbeitnehmer ebenso wie ihre Vorgesetzten die Verantwortung.

Es reicht nicht aus, wenn Führende jene Wahrheiten gelegentlich, vielleicht in einer Betriebsversammlung oder in einem Festvortrag aussprechen. In einem mühsamen Erziehungsprozeß vieler kleiner Schritte müssen sie den einzelnen jene Einstellungen nahebringen. Auf konkrete Situationen gilt es den Mitarbeiter möglichst rasch anzusprechen – und das nicht nur einmal. Dies erfordert ein hohes Maß von Konsequenz, Zähigkeit und innerer Belastbarkeit. Man kann zwar einmal aus der Haut fahren. In der Regel bewirkt ruhiges, bestimmtes Auftreten mehr als Lautstärke.

Zu bedenken ist ferner, daß sich hinter Fehlverhalten bei der Arbeit oft andere Gründe verbergen. Nicht alles läßt sich auf mangelnde Arbeitsmoral zurückführen. Hinter Fehlverhalten am Arbeitsplatz steckt häufig Protest gegen bestimmte Bedingungen am Arbeitsplatz, gegen Vorgesetzte, gegen Kollegen. Zum Teil kommt diese Verweigerungshaltung zustande, weil man mit überzogenen Vorstellungen in den Beruf hineingeht. In solchen Fällen hilft es wenig, wenn Vorgesetzte einmal oder öfter zur Ordnung rufen und, falls sich dann nichts ändert, autoritär durchfahren. Hier gilt es zu klären, was im Untergrund schwelt. Die Gründe des Fehlverhaltens müssen angesprochen werden. Im anderen Fall werden sich die tieferliegenden Ursachen auf neue Weise äußern: oft in Form von Krankheit.

Man könnte sagen: Hier wird zuviel vom Führenden erwartet. Er ist kein Betriebspsychologe und auch kein Seelenpfleger seiner Mitarbeiter; außerdem hat er auch noch etwas anderes zu tun, als mit den Leuten zu reden. Gewiß gibt es heute schon Betriebe, in denen zu viel geredet wird, ohne daß wesentliches dabei herauskommt. Die Regel aber ist, daß man Kommunikations- und Kooperationsschwierigkeiten ebenso wie Fehleinstellungen unter den Teppich kehrt. Die Folge sind dann Ineffektivität der Arbeit, Reibungsverluste im Umgang miteinander und Krankheit. Vieles davon könnte vermieden werden, wenn Führende offener und gezielter mit ihrer Mannschaft sprechen würden. Auch diese Art von Führung wird wichtiger und zugleich wird sie schwieriger.

Führen wird wichtiger und schwieriger, weil *der einzelne* heute wieder stärker Führungsverantwortung übernehmen muß. Vergegenwärtigen wir uns noch einmal die Problemstellung. In der Phase, in der die Demokratisierungswelle hoch schwappte, wirkte sich das auch auf Führung in der Wirtschaft aus. Die Gruppe als Gremium der Meinungsbildung und Entscheidungsfindung wurde entdeckt. Noch einmal sei betont: Nach der Zeit der oft zu einsamen Entscheidungen von Männern an der Spitze war es notwendig und gut, auch andere Mitarbeiter an den Prozessen, die zur Meinung, Planung, Entscheidung führen, stärker zu beteiligen. Die zunehmende Komplexität dieses Geschehens macht das ebenfalls nötig. Ich behaupte jedoch: Das Pendel der Entwicklung schlug auch an dieser Stelle zu sehr in das andere Extrem. Die Bedeutung der Gruppe wurde zu sehr betont. Der Wert des Einzelmenschen trat zu weitgehend in den Hintergrund. Im Zuge solcher Gruppengespräche nahmen einzelne häufig nicht genügend ihre Möglichkeiten wahr, sich eine eigene, von anderen unabhängige Meinung zu verschaffen und nachfolgende Entscheidungen persönlich zu verantworten. Es ist natürlich bequemer, andere denken zu lassen und sich darauf zu verlassen, daß andere das eigene Denken anregen, als sich da, wo es nötig und möglich ist, „im stillen Kämmerlein" zum eigenen Denken und Entscheiden anzuhalten. In der jüngeren Vergangenheit haben sich Leitende bei Meinungsbildung und Entscheidung oft zu sehr bei anderen abgestützt. Viele Gruppengespräche verlaufen ineffektiv. Meinungen und Entscheidungen werden hin- und hergeschoben. Die Verantwortung wird oft stärker verteilt, als es der Bedeutung von Entscheidungen angemessen ist. Am Ende weiß oft niemand mehr genau, wer für Entscheidungen die Verantwortung trägt.

Wesentlicher Bestandteil von Führung sollte sein: *nur so viel Konferenzen wie nötig*. Was in Zweiergesprächen entwickelt werden kann, gehört nicht in eine Besprechung, an der mehrere teilnehmen. Der einzelne muß bereit sein, wieder mehr von den Gewichten, die heute zum Teil noch in einer ineffektiven Weise auf mehreren Schultern verteilt sind, auf seine Schultern zu nehmen. Damit verbunden ist ein verändertes Verständnis des Führenden in der Gruppe. Der Führende ist einerseits Teil der Gruppe und steht andererseits der Gruppe eben als Führer der Gruppe gegenüber. Damit kommt eine spannungsvolle Einheit von Nähe und Abstand zwischen Führenden und Gruppenmitgliedern zustande. Diese seelische Einstellung ist selbstredend viel schwerer durchzuhalten, als die Distanz ohne Nähe in der hierarchischen Epoche. Sie fordert gleichfalls viel mehr an Persönlichkeitsstärke als die heute verbreitete Identifikation des Führenden mit der Gruppe vor dem Hintergrund einer Umverteilung von Macht und Verantwortung an die Gruppe. Heraustreten aus der Gruppe, sich hinstellen vor die Gruppe bei gefühlsmäßiger Verbundenheit mit der Gruppe verlangt von dem Führenden Verzicht auf manche Geborgenheitsgefühle, die sich einstellen, wenn der Führende nur Bestandteil der Gruppe ist. Wird die Gruppe jedoch Schoß der Geborgenheit, so hört der Führende auf, Führer zu sein. Jene Art von Führung jenseits autoritärer Entscheidungen und jenseits von Gruppenbeschlüssen beansprucht den Führenden erheblich stärker als die beiden anderen Führungsstile. Auch hierdurch wird es nötig, daß Führende Persönlichkeiten sind. Bei all diesen Anforderungen, die sich heute aus den Gründen, die wir eben skizziert haben, an Führung ergeben, helfen unpersönliche Führungstechniken wenig. Führungspersönlichkeit ist erforderlich. Nur so kommt ein persönlich-menschliches Arbeitsklima zustande. Auf der einen Seite ist ein höheres Maß von Konzentration auf das Wesentliche von Sachen unter Verzicht auf Beiwerk nötig: Effektivitätsstreben, Einsparen von Kosten, die nur zu oft auch darauf zurückgehen, daß der Mensch dazu neigt, sich anstrengende Arbeit bequemer zu machen, wird künftig das Klima in den Betrieben stärker bestimmen. Das Streben nach vermehrter Rationalisierung und Effektivität dürfte aber, wie gesagt, wenn dem nicht durch Bemühungen um Personalisierung zwischenmenschlicher Beziehungen gegengesteuert wird, zu einer Einbuße an menschlichem Klima am Arbeitsplatz führen.

In die gleiche Richtung wirkt vermehrter Einsatz von Telekommunikation. Durch Verwendung solcher Technologien werden einige zwischenmenschliche Verbindungen unterbrochen. Mehr elektronischer und weniger mündlicher und fernmündlicher Austausch ist unvermeidbar. Auch das kann zum Entstehen einer unpersönlichen Arbeitsatmosphäre beitragen. Elementare Arbeitstugenden müssen in vermehrtem Umfang von den Leitenden den Mitarbeitern nahegebracht werden. Auch hier ist folglich weniger Laufenlassen möglich und mehr Führen nötig. Geschähe dies nur mittels Verhaltens- und Erziehungstechniken, so wäre das von den Mitarbeitern kaum akzeptabel.

Jeder weiß wohl noch aus der Schulzeit, daß man für bestimmte Lehrer gerne lernt und von ihnen vieles annimmt, während man sich anderen gegenüber sperrt, nur widerwillig arbeitet, nur das Nötigste tut, mit der Leistung an der Oberfläche bleibt und nicht in die Tiefe einsteigt. Zu dem einen Erzieher besteht eine positive Gefühlsbeziehung. Zu dem anderen hat man gar keine oder sie ist negativ. Der erste Erzieher mag einen, er schätzt einen. Man antwortet entsprechend. Bei dem anderen hat man das Gefühl, man sei ihm gleichgültig, er würde nur sein Pensum herunterspulen, ohne sich für den Menschen zu interessieren und ohne beteiligt zu sein.

Dieses Beispiel aus der Schule läßt sich übertragen auf die Arbeitswelt. Führungstechniken mögen imstande sein, ein reibungsloseres Funktionieren im Verhältnis der Leitenden zu den Mitarbeitern sowie in den Beziehungen der Kollegen untereinander zu bewirken. Sie können jedoch die persönliche Zuwendung der Führenden zu den Mitarbeitern nicht ersetzen. Menschen haben oft ein feines Gespür, ob ein Verhalten aufgesetzt oder ob es echt ist. Als echt wird es empfunden, wenn sich darin die Persönlichkeit des Betreffenden äußert. Sehr oft spürt man auch, wenn jemand mit Führungstechniken arbeitet, um die Leute zu manipulieren.

Man merkt die Absicht und man ist verstimmt. Es ergibt einen Unterschied auch im Ergebnis, ob ein Leitender Techniken anwendet, um die Mitarbeiter dahin zu bringen, wohin er sie haben will, ohne sie innerlich dafür gewonnen zu haben, oder ob er sie durch seine persönliche Zuwendung bewegt und ob sich die Mitarbeiter dann freiwillig, aus eigenem Antrieb, auf das angepeilte Ziel in Bewegung setzen. Natürlich kann methodisches Führungsverhalten gelehrt – und in einem gewissen Umfang gelernt werden. Entscheidend aber ist, ob der Betreffende diese Methodik in seine Persönlichkeit integriert hat, ob sie ihm in Fleisch und Blut übergegangen ist, ob sein Verhalten als Ausdruck seiner Persönlichkeit nur in methodischer Weise in Erscheinung tritt.

Soll Führen menschlich sein, so schließt es immer den Bezug zum jeweiligen Mitmenschen sowie Ausdruck der eigenen Persönlichkeit in sich. In dieser Weise persönlich zu führen, wird, da man hierbei persönlich beteiligt ist, natürlich kräftezehrend. Wieder stellt sich die Frage: Überfordert nicht all dies die Führenden ?

Am Beispiel der *Motivation* soll belegt werden, daß persönliche Führung, Führung also, die etwas mit der Persönlichkeit des Führenden zu tun hat, auf der einen Seite mehr seelischen Einsatz verlangt und daß zugleich vieles, was Auftrieb, folglich auch Kraft gibt, zurückkommt. Motivation gewinnt unter den Führungsaufgaben zunehmend höhere Bedeutung. Besonders in der nachwachsenden Generation zeigt sich bei vielen Jugendlichen ein Mangel an Antrieb, Initiative, Durchhaltekraft. Die Fähigkeit, Enttäuschungen zu verdauen und aufs Neue mit dem zu beginnen, bei dem man Frustrationen erfuhr, läßt zu wünschen übrig. Die viel diskutierte Frustrationstoleranz ist häufig schwach entwickelt. In den Zeiten der rasch wachsenden Wirtschaft bezogen die Mitarbeiter ihre Motivation daraus, daß sehr oft auch die Unternehmensziele und die ihnen gesteckten Teilziele erreicht wurden. Der relativ schnell erzielbare Erfolg spielte eine wichtige Rolle bei der Motivierung.

Heute bleibt man häufig hinter den Planzielen zurück. Das Erreichen der Ziele – z. B. Verkaufen in einem Klima der Zurückhaltung – wird mühsamer. Mehr Nackenschläge müssen hingenommen werden. Die verschlechterten äußeren Rahmenbedingungen schlagen oftmals bis zum einzelnen Mitarbeiter durch. Er muß also jetzt gegen erhöhte Schwierigkeitsgrade angehen. Damit werden an seine Motivation zur Arbeit erhöhte Anforderungen gestellt. Einen Grundstock an Leistungsmotivation muß jeder zur Arbeit mitbringen. Dafür trägt jeder selbst Verantwortung. Bei zusätzlichen Belastungen oder in Lebenszeiten, in denen die Eigenmotivation einmal in die Tiefs gerät, die jeder wohl aus eigener Erfahrung kennt, wird es nötig, daß der Vorgesetzte motiviert.

In einem gewissen Umfang kann man motivieren durch Information, Argumentation, Überzeugung. Dann springt der Funke der rationalen Einsicht auf die emotionalen Bewegungskräfte über. Je schwerer es aber wird zu motivieren, um so mehr müssen die Antriebe der Mitarbeiter durch die positiven Emotionen, die vom Führenden ausgehen, in Gang gebracht werden. Ferner gilt: *Mehr als Argumentation motivieren emotionale Einflüsse, die der Führende ausstrahlt.* Hierbei ist jedoch wieder die Grundeinstellung des Führenden entscheidend: Ist der Leitende an den Mitarbeitern persönlich beteiligt? Sieht er in ihnen Menschen und nicht nur Funktionen? Behandelt er sie als Menschen und nicht als unpersönliche Faktoren? Bemüht er sich, sie zu verstehen? Ist er imstande, sich in Mitarbeiter hineinzuversetzen? Trifft er im Umgang mit ihnen meistens den richtigen Ton? All dies wirkt stärker motivierend als aufgesetzter Optimismus, markige Sprüche und begeisternde Reden.

Mehr als Worte wirkt die Persönlichkeit des Führenden. Was seine Persönlichkeit ausstrahlt oder nicht ausstrahlt, motiviert, läßt kalt, oder erreicht gar das Gegenteil des Beabsichtigten. Gerade in Zeiten, in denen sich Unsicherheiten, Ratlosigkeiten und Ängste mehren, sind Führungspersönlichkeiten nötig, die nicht mit psychologischen Kniffen und Tricks zu motivieren versuchen. Führungspersönlichkeiten sehen den Tatsachen ins Auge, auch wenn sie hart sind. Sie machen sich oft selber Sorgen, lassen sich jedoch von den Schwierigkeiten nicht niederdrücken.

Standfeste Persönlichkeiten sind gesucht, an die sich vor allem gleichsam „kampferprobte", unsichere junge Mitarbeiter gefühlsmäßig anlehnen können. Solche Persönlichkeiten setzen dadurch, daß sie in sich ruhen und zugleich auf den Mitmenschen bezogen sind, bei Mitarbeitern Energien frei, die manchmal erstaunlich sind. Die hier beschriebene Art zu führen ist in einiger Hinsicht für den Mitarbeiter unbequem. Sie ist offen und direkt, nennt die Dinge beim Namen, spricht auch Unangenehmes an und kann hierdurch gelegentlich hart wirken. Die Erfahrung zeigt aber, daß die Mitarbeiter die positiven Seiten solcher Führung stärker empfinden als die unbequemen. Derartige Führung mobilisiert in großem Umfang brachliegende Reserven in den Mitarbeitern. Die Mitarbeiter leisten mehr und haben mehr Erfolgserlebnisse. Hierbei fühlen sie sich nicht ausgebeutet, sondern machen die Erfahrung von Selbstwert, Gemeinschaft und Sinn bei der Arbeit. All dies fließt aber zum Führenden zurück. Es bestätigt ihn, gibt ihm Erfüllung und verleiht ihm neue Kräfte.

Dieser positive Regelkreis muß dennoch von dem Leitenden in Gang gebracht und unterhalten werden. Das Überwinden der dabei auftretenden Hemmnisse ist mit seelischem Aufwand verbunden. Falls der Führende dabei nicht in einen Zustand der Überforderung geraten soll – denn solche Führung erstreckt sich ja über Jahrzehnte – sind zwei Voraussetzungen nötig: genügend Zeit – verbunden mit innerer Ruhe – für den Mitarbeiter und Leben aus den Kraftquellen, die in den Tiefenschichten der eigenen Persönlichkeit vorhanden sind. Bislang haben Führungskräfte meistens nicht genügend Zeit für ihre Mitarbeiter. Sie sind mit Sachaufgaben so ausgefüllt, daß sie oft zu wenig Zeit finden, um ihre Mitarbeiter zu führen. Wie schwer ist es häufig, einen Termin bei einem Vorgesetzten zu erhalten. Nicht selten müssen schon vereinbarte Termine wieder abgesagt und verschoben werden, weil offenbar Wichtigeres dazwischen kommt. Häufig finden die Gespräche unter Zeitdruck statt. Nur zu oft haben Mitarbeiter das Gefühl, daß ihr Gegenüber ihnen nicht genug zuhört. Er ist oftmals aufgrund anderer Verpflichtungen mit seinen Gedanken noch oder schon wieder unterwegs. Häufig kann er überhaupt schlecht zuhören.

Natürlich geht es nicht, daß sich Mitarbeiter in epischer Breite entwickeln. Vorhin wurde ja schon Kritik an der unzureichenden Ergiebigkeit mancher Besprechungen geübt. Der Grund liegt zum Teil darin, daß die Gespräche nicht genügend klar und straff geführt werden. *Gesprächsführung ist auch bei Zweiergesprächen unabdingbar.* Gute Gesprächsführung und dem anderen die Zeit lassen, die nötig ist, schließen sich jedoch nicht aus, wenn Führungskräfte imstande sind, Gespräche zu führen und wenn die Prioritäten in ihrer Arbeit richtig gesetzt wurden.

Meines Erachtens gilt es in Anbetracht der gestiegenen Führungsanforderungen die Prioritäten der Leitenden anders zu verteilen. Das Schwergewicht sollte mehr von Sachaufgaben auf Führungsaufgaben verlagert werden. Diese Entscheidung zahlt sich aus, denn viele Sachprobleme gehen auf zwischenmenschliche Schwierigkeiten bzw. auf Probleme zurück, die beim einzelnen Mitarbeiter liegen. Werden sie nicht angegangen, so ziehen sie immer wieder Sachprobleme nach sich. Der Führende gewinnt demnach durch gute Führung seiner Mannschaft einiges an Zeit zurück. Dennoch kann nicht bestritten werden, daß gute Führung, die ein persönliches Arbeitsklima schafft, mehr Zeit braucht als ein unpersönlicher Führungsstil.

Die Konsequenz lautet: *Konzentration bei den Sachaufgaben.* Auf manche Aktivitäten könnten Leitende verzichten. Die kritische Überprüfung würde zeigen, daß bei ihnen ohnedies nicht viel herauskommt. Um zu erkennen, welche Sachaufgaben wesentlich und welche überflüssig sind, müssen sich Führungskräfte mit innerer Ruhe und geistiger Intensität in die Vorüberlegungen hineinknien. Ein Leitender, der sich vom Alltagsgeschäft auffressen läßt, ist hierzu nicht imstande.

Viele Alltagsangelegenheiten könnten Führende bekanntlich delegieren. Sie wissen dies zwar, aber sie schaffen es oft nicht. Hier sind viele Ursachen, die aus den emotional-zwischenmenschlichen Schichten herrühren, am Werk: Ängste, andere könnten es nicht gut genug machen; Ängste, andere könnten durch Delegation zu viel Macht erhalten; Ängste, diese Macht könnte dann gegen sie benutzt werden; Streben nach Selbstbestätigung, indem alle Wasser über die eigenen Mühlen laufen müssen; vieles andere spielt hierbei eine Rolle. Hinter diesen emotionalen Wirkfaktoren, die vernünftiges Handeln behindern, stecken Mängel in der persönlichen Reifung, Mängel in der Persönlichkeitsbildung von Führungskräften. Wieder zeigt sich: Wer führen will – sofern an Führung strenge Maßstäbe angelegt werden – sollte Persönlichkeit sein, bzw. er sollte dabei sein, Persönlichkeit zu werden.

Es klang immer wieder an: Standfestes, motivierendes, persönliches Führen verlangt ein hohes Maß seelischer Kraft. Einen Teil der Kräfte beziehen die Führenden aus dem Erfolg. Vieles an Kraft fließt, wie wir sahen, zu ihnen zurück, wenn sie in persönlicher Weise führen. Dennoch bedarf es kräftezehrender Anstrengungen von Führenden, um auch positiven Regelkreisen über tote Punkte und Durststrecken hinwegzuhelfen. Woher nimmt man die hierzu nötige Kraft? Zunächst spart man viel Energie, wenn man sich nicht mit seinen eigenen Problemen selbst im Wege steht.

Der Kräfteökonomie dient es ferner, wenn Sachaufgaben nicht zu sehr mit persönlichen Zielen wie: Rechthabenwollen, Geltungsdrang, übermäßiges Karrierestreben befrachtet sind. Je stärker man beim Arbeiten an einer Sache auf sich selbst zurückbezogen ist, um so größer wird der Kräfteverbrauch. Erneut zeigt sich, daß Kräfteökonomie nicht nur eine Frage der Arbeitstechnik, sondern mehr noch der Persönlichkeit ist.

Am wichtigsten ist es, um den kräftezehrenden Anforderungen persönlicher Führung gewachsen zu sein, daß man aus den Quellen lebt, die in den Tiefenschichten der Persönlichkeit enthalten sind. Der Schweizer Tiefenpsychologe C. G. JUNG prägt den Begriff des kollektiven Unbewußten. In seinen Arbeiten zu diesem Thema führte er aus, daß es in den seelischen Tiefenschichten Regenerations- und Regulationseinrichtungen, vor allem aber große Kraftreserven gibt. Der moderne, oft völlig einseitig mit seinem Kopf und seinem Machen identifizierte Mensch ist von jenen Quellen weitgehend abgeschnitten. Weil er das Emotionale – damit sind gemeint: Gefühl, Gemüt, Intuition, Instinkt u. a. – nicht genügend in seine Persönlichkeit hineinnimmt und kultiviert, weil er für das Irrationale in sich und außerhalb seiner selbst meistens verschlossen ist, läuft er häufig leer, besonders wenn das Belebungsmittel Erfolg einmal nicht mehr zur Verfügung steht. Er nutzt sich früher ab, als es eigentlich sein müßte. Die zurückgedrängten Energien seines Unbewußten richten sich oftmals störend oder gar zerstörend gegen ihn und andere. Treten weitere Belastungen von außen hinzu, so sind Führungskräfte oft vorzeitig überstrapaziert. Der gesunde lebens- und leistungsfördernde Streß – der Eustreß – schlägt um in den krankmachenden Dysstreß. Krankheiten entstehen.

Werden Führungskräfte nicht überfordert, wenn sie unter erschwerten Bedingungen in Sachfragen besser führen sollen und wenn man von ihnen außerdem noch mitmenschlichen Bezug zum Mitarbeiter und persönlichen – was nicht heißt: privaten – Umgang mit ihnen erwartet, hieß unsere Frage. Überfordert werden sie, wenn sie sich nicht in einem Prozeß der persönlichen Reifung befinden, wenn sie nicht dabei sind, Persönlichkeit zu werden. Ist das aber der Fall, so wächst ihnen vieles an Hinwendung zum Mitmenschen, Belastbarkeit und anderen seelischen Kräften zu. Streben wir an, daß die notwendige Steigerung von Effektivität mit Humanität gepaart wird, damit kein dem Menschen und damit auch den Betrieben schädliches Leistungsklima entsteht, so ist es nötig, daß Führende mehr Persönlichkeiten werden. Damit dies möglich wird, müssen Führende zunächst einmal diese Notwendigkeit erkennen, im eigenen Leben einige Konsequenzen ziehen – von denen noch zu reden sein wird – und sodann Hilfen suchen sowie Hilfen geben, die der Persönlichkeitsbildung dienlich sind.

*

III. Wesenszüge von Führungspersönlichkeit – Ziele von Persönlichkeitsbildung

Eine Führungspersönlichkeit ist zunächst gekennzeichnet durch *Individualität*. Jeder Mensch ist aufgrund seiner erblichen Anlage ein einmaliges und daher prinzipiell unaustauschbares Wesen. Es gibt zwar viele psycho-physio-soziale Merkmale, Strukturen, Eigenschaften, Fähigkeiten, Gegebenheiten und Bedürfnisse, die viele Menschen oder gar alle Menschen gemeinsam haben. Aber die Art ihrer Kombination, ihrer Ausprägung ist unterschiedlich – von Mensch zu Mensch individuell. Was dem Menschen von seiner Natur her mitgegeben wurde, ist ihm zugleich – soweit die Bedingungen menschlichen Zusammenlebens dies zulassen – zur Verwirklichung aufgegeben. Jeder Mensch stellt zwar ein an sich unverwechselbares Wesen dar, viele Menschen machen jedoch aus ihrer Individualität zu wenig. Sie gestalten sie nicht so aus, wie es möglich und nötig wäre. In dem Umfang, in dem der Mensch seine Individualität realisiert – sowie andere Seiten seines Menschseins, von denen ich gleich sprechen werde, wahrnimmt – ist und wird dieser Mensch eine Persönlichkeit. Eine solche Persönlichkeit ist gerade auch aufgrund von Individualität – also Eigenständigkeit, Originalität, Selbständigkeit, innere Unabhängigkeit – imstande zu führen.

Führen aufgrund individueller Persönlichkeit bedeutet zunächst einmal, eine eigene Meinung haben, sie äußern und auch gegen Widerstände vertreten. Die eigene Meinung sollte „auf dem eigenen Mist gewachsen sein". Es sollte eine Meinung sein, die zu dem jeweiligen Menschen gehört, die zu ihm paßt, die Ausdruck seiner Wesensart ist. Es sollte eben seine Meinung sein. Eine eigene Meinung hat man nicht schon deshalb, wenn man sich opponierend in Gegensatz zu anderen Meinungen stellt. Führungspersönlichkeit ist jemand, der seine Meinung vertritt, auch wenn sie sich von der eines Gesprächspartners oder der Gruppe, in der er sich befindet, unterscheidet. Je mehr sich einer den herrschenden Meinungen, die um ihn herum sind, anpaßt, sei es, daß er sie als seine Meinung übernimmt, sei es, daß er mit der eigenen Meinung hinterm Berg hält, um so weniger ist er eine Führungspersönlichkeit.

Zum Durchhalten und sachlichen Austragen unterschiedlicher Auffassungen gehört seelische Kraft. Denn nicht selten glauben wir, Gemeinschaft sei gleichbedeutend mit Einer-Meinung-Sein. Es ist gar nicht so leicht, trotz verschiedenartiger Meinungen Gemeinschaft durchzuhalten. Viele, die Meinungen vertreten, die von der des Chefs abweichen, haben Angst, daß ihnen hieraus Nachteile erwachsen. Es kann auch nicht übersehen werden, daß das manchmal der Fall ist. Führungspersönlichkeit zeigt sich – davon wird gleich mehr die Rede sein – auch darin, ob man für andersartige Meinungen offen ist und ob man im praktischen Verhalten unterscheiden kann zwischen Ablehnung einer Meinung des anderen und Ablehnung seiner Person.

Wer sich selbst werden möchte, muß sich treu bleiben. Auch im Beruf sollte an der Spitze der Wertordnung die Frage stehen: Kann ich an diesem Arbeitsplatz, diesem Chef, diesen Mitarbeitern gegenüber weitgehend ich selbst sein? Natürlich muß man laufend Abstriche machen, Kompromisse schließen, sich auf andere einstellen und sich in einem gewissen Umfang anpassen. Sich selber treu sein darf nicht mit dem modernen egoistisch-individualistischen Verständnis von Selbstverwirklichung verwechselt werden. Davon wird noch zu reden sein. In einem gewissen Umfang schließen sich Treue zu sich selbst, Einstellung auf andere Menschen und Kompromisse mit ihnen nicht aus. Das Durchdiskutieren unterschiedlicher Auffassungen führt oft zu einer neuen Position, die man sich zu eigen machen kann. Häufig kommt es zu Teillösungen bei dem, was man anstrebt. Gelegentlich muß man ganz auf das verzichten, was einem wichtig ist. Zu akzeptieren, daß man mit der eigenen Meinung nicht durchkommt, gehört zum menschlichen Zusammenleben. Bei alledem fragt sich freilich: Wieviel an Selbstaufgabe ist in einer Berufsposition nötig, wo liegen die Grenzen, hinter denen man sein eigenes Profil, seine eigene Persönlichkeit verliert und aufhört, Führungspersönlichkeit zu sein?

Individualität äußert sich auch im eigenen Stil, z.B. in der eigenen Art, Aufgaben zu lösen. Soll sich die eigene Persönlichkeit am Arbeitsplatz weiter entfalten, so ist es erforderlich, daß das Verhalten weitgehend Ausdruck der individuellen Persönlichkeit sein kann. Oder umgekehrt: Eine Persönlichkeit ist auch dadurch charakterisiert, daß ihr Verhalten Äußerung der eigenen Wesensart darstellt. Damit erhebt sich die Frage: Inwieweit passe ich mich den Erwartungen der Umgebung – besonders der Ranghöheren an, um auf sie einen guten Eindruck zu machen, obgleich ich mich dadurch anders gebe, als ich bin? Inwiefern spiele ich Rollen, um gut anzukommen, um Erfolg zu haben? Wie weit zwingt mich meine Umgebung dazu, Rollen zu vollziehen? Wie groß ist – bei aller Bereitschaft, sich auf andere einzustellen und sich in einem gewissen Umfang anzupassen – mein Spielraum, ich selbst zu sein? Je weniger Verhalten Ausdruck der eigenen Persönlichkeit sein darf, um so weniger kann sich Führungspersönlichkeit ausbilden. Durch äußeres Verhalten, das mit dem inneren Menschen nicht übereinstimmt, durch Theaterspielen, bringt man es fertig, vorübergehend Eindruck zu machen. Auf die Dauer und besonders in schweren Zeiten wirkt nur das, was echt ist. Individualität, Führungspersönlichkeit sein heißt, eine eigene Linie besitzen. Diese Linie sollte nun wieder Ausdruck des Menschen sein, der dahinter steht. Eine solche Linie ist nur dann, wenn wirklich Persönlichkeit dahinter steckt, relativ geradlinig – trotz der gebotenen Elastizität – in sich geschlossen. Auf diese Weise erhalten die Mitarbeiter Orientierung. Sie wissen, woran sie sind. Sie können sich in etwa ausrechnen, wie der Chef in bestimmten Situationen reagiert. Das erzeugt Vertrauen und gefühlsmäßige Sicherheit. Das Umgekehrte entsteht durch Taktieren. Hierbei wird die Linie des Vorgehens praktisch nicht von der eigenen Persönlichkeit bestimmt. Man verhält sich vielmehr so, daß man den Zweck, den man im Auge hat, erreicht. Die Frage: sich treu sein oder sich nicht treu sein, stellt sich hierbei häufig noch nicht einmal. In diesem Fall wird der Mensch identisch mit dem Erfolg, den er über alles stellt. Er steht mit dem Erfolg, den er hat. Er fällt mit dem Erfolg, den er nicht hat. Er ist streng genommen erfolgssüchtig. Eine solche „Führungskraft" kann keine Persönlichkeit sein und keine Linie haben. Für Mitarbeiter hat Taktieren schlimme Folgen. Sie wissen zwar: der Leitende taktiert. Sie wissen, daß ein solches Spiel aufgeführt wird; sie durchschauen es aber im einzelnen nicht. Einem solchen Vorgesetzten kann man nicht trauen. In der Regel entsteht hier ein Klima des Mißtrauens.

Ich hoffe, es wird bereits deutlich: *Individualität hat nichts mit Individualismus zu tun.* Individualität ist eng verknüpft mit positiven Auswirkungen auf andere Menschen, mit Sozialität. Der Individualist hingegen fühlt sich nicht einem „Werde, der Du bist" verpflichtet, das ihn wesentlich auch auf den Mitmenschen verweist. Selbstverwirklichung ist für ihn nur Erfüllung der eigenen Bedürfnisse. Er will der Größte sein. Er bespiegelt eitel seine Originalität, sein Können, sein Geschick, seine Bedeutung. Individualismus enthält eine gehörige Portion Ichbezogenheit. Ihr fehlt es an der Dubezogenheit, welche die Kehrseite echter Individualität darstellt.

Sozialität ist ein entscheidender Wesenszug von Führungspersönlichkeit. In der herkömmlichen Betrachtungsweise entscheidet über den Wert einer Führungskraft ihre Fähigkeit, Sachaufgaben zu lösen und hierbei Menschen möglichst geschickt einzusetzen. Letzteres kann man vielleicht noch mit Führungstechniken erreichen. Wird jedoch eine humane Arbeitswelt angestrebt, so dürfen Menschen nicht nur als Mittel zum Zweck benutzt werden. In gewissem Umfang ist der Mensch, auch wenn er in seinem Beruf Sachaufgaben zu erfüllen hat, dennoch Selbstzweck. Er ist mehr als eine Schachfigur, die hin- und hergeschoben wird und die, wenn der Zweck es verlangt, ohne Gefühlsregung aus dem Spiel genommen wird.

Natürlich ist Wirtschaften ein hartes Geschäft, das oft auch harte Maßnahmen verlangt, die Menschen treffen. Wesentlich ist hierbei aber, daß die Führenden wissen: wir haben es bei all den manchmal harten Konsequenzen, die sich aus wirtschaftlichen Entscheidungen ergeben, mit Menschen zu tun. Die Frage stellt sich: Besteht hierbei ein Bezug zum Mitarbeiter als Mitmenschen, der sich auch in einer gefühlsmäßigen Beteiligung des Leitenden dem Mitarbeiter gegenüber äußert? Berührt es ihn, wenn Veränderungen im Betrieb stattfinden, die Mitarbeiter treffen? Läßt es ihn kalt, wenn Mitarbeiter entlassen werden müssen, oder kann er sich vorstellen, welche Auswirkungen das auf den Betroffenen und seine Familie hat? Ist er imstande nachzufühlen, wie es Mitarbeitern zumute ist, wenn über sie verfügt wird? Manches, das den Mitarbeiter hart angeht, wird für ihn akzeptabler, wenn er spürt, daß er für den Vorgesetzten mehr ist als ein Objekt.

Sozialität als Ausdruck von Führungspersönlichkeit beinhaltet, daß der Leitende nicht allein auf das meßbare Betriebsergebnis ausgerichtet ist, sondern auch darauf, ob sich Mitarbeiter bei aller Anstrengung und manchem Unbequemen, das von ihnen verlangt werden muß, als Menschen betrachtet und ernstgenommen fühlen. Das heißt praktisch: Inwieweit finden sie bei der Arbeit Erfüllung? Läßt sich hier etwas verbessern? Wie sehen Beziehungen zwischen Mitarbeitern und Vorgesetzten sowie die der Kollegen untereinander aus? Machen sie sich gegenseitig das Leben schwer? Treiben sie sich vielleicht sogar in Krankheiten hinein bzw. ziehen sie sich in diese zurück? Sind sie an ihrem Arbeitsplatz relativ zufrieden?

Über den Grad von Inhumanität oder Humanität entscheiden nicht in erster Linie Technologien, Produktions- und Organisationsformen, obgleich die Leitenden sehr wohl ihre Auswirkung auf den Menschen im Auge behalten und, soweit das geht, deren Bedingungen auf ihn abstimmen müssen. Humanität in der Arbeitswelt erwächst in erster Linie daraus, wie Menschen miteinander umgehen, wie sie zusammenarbeiten, ob sie Menschen unter Menschen sein können. Für diese menschliche Gestaltung des Zusammenlebens in der Arbeitswelt tragen die Führenden einen wesentlichen Teil der Verantwortung. Aufgrund ihrer Persönlichkeit, ihres Bezugs zum Mitmenschen, sollten sie eine Atmosphäre schaffen, in der sich Mitarbeiter entfalten können und in der offener Umgang miteinander möglich ist.

Die für den Mitarbeiter offene Grundhaltung des Führenden sollte es ihnen möglich machen, aus sich herauszugehen, ohne Ängste zu haben, die in der Person des Vorgesetzten begründet liegen. Auch diese Forderung macht wieder deutlich, daß Führungsmethodik allein ein solches Klima nicht herzustellen vermag. Es hängt von der Persönlichkeit des Führenden ab, ob von ihm ein relativ angstfreier Raum geschaffen wird. Ist ein Chef leicht „eingeschnappt", trägt er nach, so kann der Untergebene kein freimütiges Wort riskieren. Entweder er redet ihm dann nach dem Munde, oder er schweigt und nickt – zum Teil wider besseres Wissen und gegen seine Überzeugung, oder er führt beim Reden Eiertänze auf bzw. er muß die Worte auf die Goldwaage legen. All das ist keine offene, direkte Kommunikation.

Menschliche Kommunikation in der Arbeitswelt verlangt Loyalität von beiden Seiten. Führende fordern mit Recht, daß ihre Mitarbeiter ihnen gegenüber loyal sind. Ihr faktischer Sozialbezug zu den Mitarbeitern und damit ihre Führungspersönlichkeit erweist sich jedoch ebenso darin, daß sie sich den Mitarbeitern gegenüber loyal verhalten. Loyalität darf keine Einbahnstraße sein.

Zur Führungspersönlichkeit gehört, wie gesagt, ein Spektrum wichtiger zwischenmenschlicher Fähigkeiten. Sie muß ein Klima schaffen, das die anderen ermutigt, frei ihre Meinung zu sagen. Der Führende ist ja darauf angewiesen, daß er Informationen von Kollegen und Untergebenen bekommt, die zur eigenen Meinungsbildung und Entscheidungsfindung von Belang sind. Dazu ist bei ihm eine Haltung nötig, in der der andere kommen kann, in der er den Raum findet, den er braucht. Auch hierin äußert sich die Persönlichkeit des Führenden. Es ist ein Zeichen von Persönlichkeitsstärke, wenn sich einer soweit zurücknehmen kann, daß der Partner imstande ist, sich zu öffnen. Ein Anzeichen von Unreife ist es hingegen, wenn eine Führungskraft ein dominierendes Klima verbreitet, in dem die anderen das Genick einziehen, wenn er Meinungen, die von der seinigen abweichen, nicht aufkommen läßt, wenn er sie „vom Tisch bügelt", wenn er, obgleich der Anschein eines Austausches gewahrt bleibt, die Meinungen anderer im Sinne der eigenen Meinung manipuliert. *Führungspersönlichkeit erweist sich in Gesprächsoffenheit.* Daß dies nichts mit Einladung „zum Gequatsche", mit Marathonsitzungen, bei denen sich das Gespräch im Kreise dreht, und mit Entscheidungsangst von Führenden zu tun hat, sei nur am Rande vermerkt.

Ein wesentliches Kennzeichen von Führungspersönlichkeit ist ihre *Gesprächsfähigkeit*. Das bedeutet zunächst, aktiv zuhören können. Damit ist ein Zuhören gemeint, das nicht nur den Informationen, sondern auch der Person des Informierenden gilt. Aktiv zuhören heißt, der Person des Gesprächspartners zugewandt sein. Diese Art von Zuhören verlangt Aufmerksamkeit und inneres Dabeisein. Das Gegenteil kennt jeder von sich selbst: man hört äußerlich zu und ist mit seinen Gedanken woanders. Diese innere Sammlung beim Zuhören fällt schwer. Sie wird leichter, wenn der Führende nicht nur an dem interessiert ist, was der andere berichtet, sondern an ihm selbst. Echtes Zuhören fällt leichter, wenn einem der Gesprächspartner wichtig ist, wenn man ihn ernst nimmt, wenn er eben nicht nur eine Informationsquelle, sondern ein Mensch ist. Ständiges Nichtzuhören wird damit zur Mißachtung des Redenden.

Auch hier zeigt sich erneut der innere Bezug des Führenden zum Mitmenschen. Ist er ihm zugewandt, so gelingt das ausdauernde Zuhören besser. Sucht er sich selbst und seinen Vorteil, so schaltet er ab, wenn er meint, daß beim Reden des anderen für ihn nichts herauskäme. Dabei täuscht er sich aber oft, denn nach einer gewissen Zeit können sehr wohl wieder Informationen kommen, die für ihn wichtig sind. Jetzt hat der Unaufmerksame seine Lücken, versteht manches nicht, manches falsch, muß zurückfragen, wird nachinformiert. Es zeigt sich, wie wenig er zugehört hat. Die Kommunikation zu den Mitarbeitern ist gestört. Auf der anderen Seite geht von dem Zuhören, das auf die Mitarbeiter hingerichtet ist, bei dem der Führende intensiv aufnimmt und das Gehörte entsprechend gut im Gedächtnis behält, eine positive Wirkung auf die Umgebung aus. Der Mitarbeiter empfindet, daß er wichtig genommen wird. Das gute Gedächtnis des Führenden für das, was er gesagt hat, ist für ihn ein Gradmesser der Wertschätzung, die der Vorgesetzte ihm entgegenbringt.

Ein weiteres Kriterium von Führungspersönlichkeit ist die Fähigkeit, offen reden zu können. Mit Worten kann man ja bekanntlich Inhalte verhüllen und sich selbst verstecken. Der eigentliche Sinn von Worten ist es hingegen, möglichst klare Mitteilungen über Tatbestände zu machen und Verbindungen zwischen dem Redenden und dem Hörenden herzustellen. Und zwar soll Sprechen nicht nur Kommunikation im rationalen Bereich, sondern auch in der Gefühlswelt bewirken. Im Reden sollte man nicht nur rationale Informationen, sondern, in der Art, wie man spricht, sich selbst mitteilen. Auf diese Weise kommt eine gemeinsame menschliche Basis zustande; es bildet sich Vertrauen. Häufig ist erst auf dieser Grundlage rationales Begreifen und einander Verstehen möglich, viele scheinbare Sachprobleme, Verständnisschwierigkeiten entpuppen sich beim genaueren Hinschauen als Folge unzureichender menschlicher Kommunikation.

Die Mängel in der Kommunikation haben natürlich nicht selten ihren Grund darin, daß Mitarbeiter zu verschieden sind, daß sie sich nicht liegen, daß sie sich nicht sympathisch sind. Dieser Kern von Kommunikationsproblemen in vielen Fällen läßt sich prinzipiell nicht beseitigen. Es kann aber – grundsätzlich jedenfalls durchaus verhindert werden, daß sich die Mitarbeiter gegenseitig mit Antipathien aufladen und daß sie am Ende tatsächlich kaum mehr zusammenarbeiten können. Aber auch in den anderen Beziehungen am Arbeitsplatz, die von der Stimmungslage neutral oder positiv getönt sind, treten selbstredend Mißverständnisse, Belastungen, Konflikte, Spannungen auf. Sie können, wenn sie sich häufen, die Kooperation erheblich beeinträchtigen – falls die Schwierigkeiten nicht ausgesprochen und durchgesprochen werden.

Jeder hat wohl Hemmungen, einem anderen Menschen Sachen zu sagen, die jener nicht gerne hört, oder die ihm sogar wehtun. Man fürchtet die negative Reaktion des Partners. Also drückt man sich vorsichtig aus und verklausuliert das eigentlich Gemeinte. Vor allem sagt man dem Gegenüber sehr oft Dinge nicht, die ihm unangenehm sein könnten. Analysiert man jene Sperren, die offenes Reden erschweren, so stellt sich heraus: Meistens will man nicht nur den Partner nicht belasten. Es fällt einem selbst sehr schwer, frank und frei zu reden. Oft erspart man sich zunächst einmal selbst, diese Hürde des offenen Redens zu nehmen. Häufig schont man sich mehr als die anderen. Natürlich hört niemand gerne Unangenehmes. Nicht selten wird der Gesprächspartner tatsächlich belastet, wenn man ihm Unangenehmes eröffnet.

Dennoch überwiegen bei offener Kommunikation meistens die positiven Folgen die negativen. Es ist positiv, daß der andere nun weiß, was sein Partner von ihm oder von einer Angelegenheit denkt. Er weiß nun, wo er dran ist. Jetzt kann er sich orientieren, auf die Situation einstellen. *Offenes Reden schafft Orientierung.* Sie erzeugt gefühlsmäßige Sicherheit. Das Tappen im Dunkeln, das Herumdenken im Kreis, weil keine klaren Aussagen bestehen, der Zweifel, wie wohl etwas sein könnte, belastet viel mehr. Ein offenes Wort tut bisweilen – besonders im ersten Moment – weh. Aber dann kann man mit dem umgehen, was man nun weiß. Man kann Stellung nehmen, erklären, Mißverständnisse zurechtrücken, Konsequenzen ziehen. Offenes Reden schafft Klarheit. Klarheit aber ist hilfreicher, auch wenn damit Schmerzen verbunden sind, als in Worte eingepackte Unklarheit. Klärende Worte sind imstande, manches auszuräumen, was zwischen Menschen steht. Häufig kann man – besonders wenn man etwas von Gesprächsführung versteht – durch offenes Sprechen einer Sache auf den Grund gehen. Auf diese Weise erhält man wieder Grund unter den Füßen. Verstehen, Vertrauen und Zusammenarbeit werden wieder möglich.

Offenes Reden erleichtert: Jeder weiß, wieviel man meistens herunterschluckt, es also gerade nicht ausspricht. Die Probleme sind aber damit nicht beseitigt, besonders wenn es Fakten sind, die schwer wiegen. Aber auch Kleinigkeiten, die einen bei den anderen stören, können sich summieren, wenn sie sich mehrfach oder gar ständig wiederholen. Am Ende ist, weil man oft Kleinigkeiten unterdrückte, eine Mauer entstanden, die den Zugang versperrt.

Wenn sich Mitarbeiter so verhalten, daß es einen stört, liegen manchmal Ursachen in einem selbst. Nicht selten bestehen ihnen gegenüber Vorbehalte, die aber nicht ausgesprochen werden. Der Mitarbeiter spürt häufig – auch wenn er sich dessen nicht bewußt wird – daß hier etwas ist. Er wird unsicher und macht gerade aus dieser Befangenheit die Fehler, die einem, wenn es öfters geschieht, auf die Nerven gehen. Ein Teufelskreis kommt in Gang. Er wird vermieden, wenn die Dinge ausgesprochen werden, welche die eigene Frustrationstoleranz übersteigen.

Selbst wenn Führungskräfte versuchen, die Affekte, die in den Beziehungen am Arbeitsplatz entstehen, zu verdrängen, oder wenn sie bestrebt sind, durch eine betont sachliche, emotionsfreie, unterkühlte Einstellung zu den Mitarbeitern sie erst gar nicht aufkommen zu lassen, ist das keine Lösung des Problems. Erstens schaffen Leitende auf diese Weise ein zu steriles, wenig menschgemäßes und ebenfalls wenig motivierendes Arbeitsklima. Zweitens gehen ihnen dennoch mehr Emotionen unter die Haut, als sie im allgemeinen merken. Sie brauchen dann andere Blitzableiter. Dafür kommen Familienmitglieder in Frage – und vor allem der eigene Körper. Das Heruntergeschluckte, Unterdrückte „spukt" im Körper herum, erzeugt Unruhe und Störungen aller Art. Eine Zeitlang läßt sich dies mit Tabletten bekämpfen. Auf die Dauer entstehen Krankheiten. Offenes Reden beugt somit dem Affektstau mitsamt seinen schädlichen Folgen vor. Wichtig ist jedoch, daß man mit dem direkten Ansprechen dessen, was einem nicht gefällt, nicht zu lange wartet. Im anderen Fall schießt man aufgrund eines schon vorhandenen inneren Drucks über das Ziel hinaus und erzeugt im Partner Gegenaffekte. Sachliches, faires, taktvolles Reden wird dann im allgemeinen unmöglich. In unfruchtbarer und manchmal sogar destruktiver Weise kommt es zu einem Austausch von Affekten und Aggressionen.

Positiv wirkt es sich aus, wenn man sich im offenen Gespräch den damit verbundenen Belastungen stellt. Meistens hat man ja Angst vor dem offenen Wort. Wer sich jedoch solchen Ängsten aussetzt, indem er das tut, was ihm Angst bereitet, wächst am Aushalten jener Spannungen. Seine Ichstärke wird größer. Um so leichter fällt es ihm, im Laufe der Zeit mit solchen und anderen Belastungen zu leben. Wird er innerlich stärker, so verlieren die äußeren Schwierigkeiten an Gewicht. Auch für den Gesprächspartner ist es im allgemeinen gut, wenn ihm Führungskräfte im Rahmen seiner Belastungsfähigkeit das nicht schenken, was er auszuhalten vermag. Auch er kann und wird oft an den damit verknüpften Belastungen wachsen. Voraussetzung dafür ist seine Bereitschaft, sich dem, was ihm zunächst einmal nicht paßt, zu öffnen und ohne Rücksicht auf die eigenen Wunschvorstellungen zu überdenken. Auch bei den Mitarbeitern erhöht sich die Gesprächsfähigkeit, wenn sie in ein offenes Gespräch einbezogen werden und dazu bereit sind.

Selbstredend gibt es *Grenzen der Offenheit.* Offenheit darf natürlich nicht mit Vertrauensseligkeit, Geschwätzigkeit oder gar Tratschen verwechselt werden. Direktes Reden soll umgekehrt ja gerade dazu dienen, die Ersatzfunktion des indirekten Redens, des Hintenherumredens, des Klatsches überflüssig zu machen. Ferner kann über Firmeninternes nicht mit jedem und nicht zu je dem Zeitpunkt gesprochen werden. Die Grenzen des offenen und direkten Gespräches liegen schließlich in der Belastbarkeit des Gesprächspartners. Beim offenen Reden darf kein Porzellan zerschlagen werden. Dem anderen darf nicht mehr zugemutet werden, als er zu verarbeiten vermag. Herauszufinden, wieviel man dem anderen sagen kann, ohne ihn zu überfordern, ist schwierig. Dazu braucht der Führende Fingerspitzengefühl, das es ebenfalls zu entwickeln gilt.

Wichtig ist freilich, wie etwas gesagt wird. Vor allem wenn am Mitarbeiter Kritik geübt werden muß, sollte dies auf dem Boden grundsätzlicher Akzeptanz und im Wissen um die eigene Fehlerhaftigkeit geschehen. Kritik sollte an bestimmten Fehlern, an Verhaltensweisen, an bestimmten Eigenschaften geübt werden. Der andere darf dabei jedoch nicht zugleich als Person abgelehnt werden. Es gilt bei Führungskräften die Fähigkeit aufzubauen, daß sie sich Auge in Auge kritisch äußern können, ohne daß dies als Angriff auf die Person des Kritisierten wirkt. Und umgekehrt ist es nötig, die Fähigkeit zu erwerben, daß man kritische Äußerungen, die einem selbst gelten, hinzunehmen vermag, ohne sie als Vorwurf oder gar als Verneinung der eigenen Person aufzufassen. Auch an dieser Stelle wird wohl deutlich, daß die im Umgang miteinander so wichtige Fähigkeit des direkten, auch des kritischen Sprechens mit dem Selbstwertgefühl, mit der inneren Stärke, mit der Persönlichkeit des Führenden zusammenhängt.

Man hat im allgemeinen Angst davor, die Dinge beim Namen zu nennen, weil man nachteilige Folgen befürchtet. Zu welchem Ergebnis ein offenes Wort führt, hängt aber sehr von dem seelischen Zustand dessen ab, der redet. Je unsicherer er ist, um so mehr schafft er eine verkrampfte Gesprächsatmosphäre, die es auch dem Partner schwer macht, das Unangenehme möglichst in Ruhe auf sich wirken zu lassen. Unsicherheit erzeugt Unsicherheit, Angst und Aggression beim Gegenüber. Umgekehrt ist es erstaunlich, was man alles auch Menschen, von denen man abhängt, zu sagen vermag, was sie alles ohne Gegenaggression schlucken, wenn man mit Ruhe und innerer Souveränität sprechen kann. Dazu gehört allerdings eine Festigkeit, die wiederum Ausdruck von Persönlichkeit darstellt.

Offenes Reden, direkte Sprache, deutliche Worte, kritische Äußerungen sind nur möglich, wenn dem oder den anderen gegenüber eine *Haltung grundsätzlicher Akzeptanz* besteht. Diese annehmende Einstellung sollte jedoch nicht nur in der Art und Weise zum Ausdruck kommen, wie Führende mit Mitarbeitern umgehen und wie sie mit ihnen reden. Es muß auch ausgesprochen werden, daß sie ihre Mitarbeiter anerkennen. Wie selten aber werden Mitarbeiter gelobt, wie wenig werden ihre Leistungen und sie selbst mit Worten anerkannt. Wer sich häufiger direkt kritisch äußert, ist folglich gehalten, ebenfalls häufiger Lob und Bestätigung auszusprechen. Auch hierin zeigt sich die Grundhaltung des Leitenden dem Mitarbeiter gegenüber. Sieht er ihn als Arbeitskraft, so geht er davon aus, daß er durch Geld hinreichend belohnt wird. Sieht er in ihm den Mitmenschen, so ist es ihm ein Bedürfnis, über das Entgelt für geleistete Arbeit hinaus mit ein paar Worten seine Arbeit zu würdigen und ihn als Mensch zu bestätigen.

Zur Grundlage des offenen und auch kritischen Gesprächs gehört ferner eine *kritische Haltung des Führenden sich selbst gegenüber*. Kritik an anderen sollte nur der üben, der sich selbst kritisch betrachtet und der bereit ist, Kritik von anderen entgegenzunehmen. Um letzteres für die Mitarbeiter leichter zu machen, sollte eine Führungskraft Fehler, die sie gemacht hat, offen zugeben. Leitende machen sich nicht genügend klar, wie wohltuend oder gar befreiend es von Mitarbeitern empfunden wird, wenn ihre Chefs Fehler offen einräumen, anstatt sie zu verschweigen, zu verschleiern oder anderen anzulasten. Dies setzt eine bestimmte innere Haltung der Führungspersönlichkeit voraus: Sie gesteht es sich zu, Fehler zu machen, fehlerhaft zu sein, obgleich sie sich darum bemüht, daß ihr möglichst wenige Fehler unterlaufen. Der Führende darf also nicht von einem Perfektionsideal bestimmt sein. Ferner benötigt er das Gefühl, daß er nicht gleich weg vom Fenster ist, wenn er sich zu gemachten Fehlern und zu Schwachstellen bekennt. Er sollte allerdings bereit sein, seinen Stuhl zu räumen, wenn ihm schwerwiegende Fehler mehrfach passieren, wenn er nicht imstande ist, aus Fehlern zu lernen und wenn sich erhebliche Abweichungen zwischen den Anforderungen der Führungsposition und dem heraus stellen, was er an Fähigkeiten mitbringt. All dies verlangt selbstredend ein bestimmtes Klima im Betrieb, das Humanität der Arbeitswelt kennzeichnet: Seine Arbeit sollte jeder sehr ernst nehmen, Fehler dürfen nicht leichtfertig gemacht und hingenommen werden; Fehler passieren freilich jedem und fehlerhaft ist jeder. Wenn Fehler eingetreten sind, muß ihrer Entstehungsweise sowie ihren Ursachen sorgfältig nachgegangen werden. Aus Fehlern gilt es zu lernen, damit sie das nächste Mal möglichst vermieden werden.

Mit diesen Einstellungen – Wissen um die eigene Unvollkommenheit, zum Teil leidvolles Akzeptieren der eigenen Fehlerhaftigkeit, ernstes Bemühen um Verbesserung im Rahmen der individuellen Möglichkeiten zur Änderung, aus Fehlern und Vorläufigkeit keinen Hehl machen – haben wir bereits die Dimension des Wertbereiches betreten. Soll der Führende kein Funktionär sein, der unter anderem den Schein von Fehlerlosigkeit seiner Umwelt gegenüber an den Tag legt, so ist bei ihm Verbundenheit mit einigen Grundwerten nötig. Ein Wesenszug von Führungspersönlichkeit ist *Wertbezug in fundamentalen Fragen.*

Eine grundsätzliche Wertentscheidung ist es z. B., auch im Beruf man selbst zu sein und mehr man selbst werden zu wollen. Das bedeutet nicht – hier liegt ein modernes Mißverständnis – daß zur Selbstverwirklichung nur eine einzige Berufsrichtung in Frage käme und daß jede andere Berufswahl schon zur Selbstentfremdung führe. Natürlich muß, um Entfremdungen zu vermeiden oder wenigstens zu mildern, der Gesichtspunkt im Auge behalten werden, inwieweit Arbeitsbedingungen (z. B. Fließbandarbeit) den Grundgegebenheiten und Grundbedürfnissen des Menschen gemäß sind. Diesem Thema können wir hier nicht nachgehen. Im Rahmen der Randbedingungen des Arbeitsplatzes ist es entscheidend, wie man seine Arbeit verrichtet. Verleugnet sich eine Führungskraft, um der Karriere willen? Ist einer mehr seinem Führungsauftrag oder seiner Laufbahn verhaftet? Geht eine Führungskraft den Weg des geringsten Widerstandes? Ist es ihr wichtiger, nicht anzuecken, als Sachaufgaben so gut wie möglich zu lösen? Je nachdem wie die Grundentscheidungen, die es im einzelnen ständig zu fällen gilt, aussehen, wird man sein Führungsprofil und damit sich selbst gewinnen oder verlieren.

Eine Wertentscheidung, der sich Führende immer wieder zu stellen haben, läßt sich auf die alte biblische Formel bringen: „Was hülfe es dem Menschen, wenn er die ganze Welt gewänne und nähme doch Schaden an seiner Seele?" Was hilft es, wenn einer durch viele Bücklinge nach oben kommt und dabei sein Rückgrat verliert? Was hilft das ganze Taktieren, wenn der Führende am Ende weder Linie noch Kontur besitzt? Was hilft Ansehen, Macht und Geld, wenn die Führungskraft dabei seelisch verarmt und vereinsamt? Führen muß nicht, wie manche Kritiker unserer Wirtschafts- und Gesellschaftsordnung meinen, auf solche Resultate hinauslaufen. Führen geht auch anders, wenn den Führenden Persönlichkeitswerte wichtiger sind als materielle und Statuswerte.

Zu den Merkmalen von Führungspersönlichkeit gehört es in meinen Augen, daß eine weitere Grundposition das Handeln mitbestimmt: Die Sachaufgaben, die der Führende zu lösen hat, sind wichtig. Das verlangt Einsatz und Anstrengung aller Beteiligten. Manchmal sind hiermit hohe Beanspruchungen der Mitarbeiter verbunden. Wesentlich ist jedoch, daß Mitarbeiter den Sachaufgaben nicht „geopfert" werden. Bei allem Wahrnehmen berechtigter Interessen eines Betriebes muß von den Führenden ferner der Gesichtspunkt im Auge behalten werden, wie sich das Wirtschaften auf die Allgemeinheit auswirkt. Wie weit ist der Führende berechtigt, Raubbau an sich, an Mitarbeitern, am Gemeinwesen, an der Natur zu treiben? Wie weit reicht seine Verantwortung Mitarbeitern gegenüber, die sich durch ihre Arbeit verschleißen? Sehen Führungskräfte, daß sie z. B. Vertrauen aushöhlen, wenn sie leere Versprechungen machen, wenn sie etwa Termine abgeben, von denen sie wissen, daß diese nicht zu halten sind? Wie wirken sich Produkte, Dienstleistungen, Verkaufsverfahren, Werbefeldzüge und anderes Geschäftsgebaren auf Wohlbefinden und Entwicklung aller Betroffenen aus? Wem sich diese Fragen nicht stellen, kann in meiner Sicht nicht als Führungspersönlichkeit bezeichnet werden.

Natürlich sind jene Entscheidungen aus vielen Gründen schwierig: Inwieweit müssen die Lebens- und Überlebensinteressen des eigenen Unternehmens auch auf Kosten anderer – z. B. von Kunden, die man mit falschen Zusicherungen (z. B. falschen Terminen) gewinnt – wahrgenommen werden, und wo muß man um der Allgemeinheit und um einzelner Menschen willen auf eigene Vorteile verzichten? Führungspersönlichkeit erweist sich darin, daß man sich diesen Konflikten stellt und von Fall zu Fall nach verantwortlichen Lösungen sucht. In dieser auf Effektivität und Humanität abzielenden Betrachtungsweise werden hohe Anforderungen an Führungspersönlichkeiten gestellt. Nochmals sei unterstrichen: *Persönlichkeit ist man niemals, Persönlichkeit wird man*. Was hier geschildert wird, sind Wesensmerkmale von Persönlichkeit auf der einen Seite und Ziele von Persönlichkeitsentwicklung auf der anderen Seite.

Trotz allen Wissens um die Vorläufigkeit des Menschen ist es dennoch unabdingbar, auf dem Wege des Werdens klare Ziele, eindeutige Richtungsangaben zu besitzen. Wie weit jemand vorankommt auf dem Wege, Führungspersönlichkeit zu werden, hängt von vielen Faktoren ab, die er nur zum Teil beeinflussen kann. Die endgültigen Ziele jener Reise erreicht niemand. Entscheidend ist jedoch, daß man in die richtige Richtung geht und sich soweit nach vorwärts kämpft, wie es einem möglich ist. Die geschilderten Anforderungen verlangen Stabilität von Persönlichkeit. Wer führen will, benötigt im gehörigen Umfang innere Festigkeit. Das, was die Psychologie als *Ichstärke* bezeichnet, muß von einer Führungspersönlichkeit in besonderem Maße erwartet werden. Stabilität, Standfestigkeit, Belastbarkeit, Widerstandskraft, Mut, Frustrationstoleranz sind demnach wichtige Ziele von Persönlichkeitsbildung.

Eine stabile Persönlichkeit darf jedoch nicht zu einer starren, unbeweglichen, statischen, nur verharrenden Persönlichkeit werden. Das Element des Statischen, des In-sich-Ruhenden muß folglich mit dem Element von Bewegung, Veränderung, Wandel gepaart sein. Konservatives und Progressives sollte in einem dynamischen Gleichgewicht stehen. Auf diese Weise kommt in der Führungspersönlichkeit ebenso wie in ihrem Verantwortungsbereich Kontinuität und Fortschritt zustande. Wesensmerkmale von Führungspersönlichkeit sind demnach *Stabilität* und *Wandlung*.

Eine Führungspersönlichkeit ist ein Mensch, der auf dem Wege ist zu sich selbst hin. Altes – Einstellungen, Erwartungen, Verhaltensweisen – die nicht mehr zu seinem Lebensalter passen, sollten überwunden werden zugunsten von Reife. Infantile Ansprüche an die Umwelt, pubertierendes Rebellieren, bindungsloses Umherschweifen sollte eine Persönlichkeit ebenso wenig bestimmen, wie nahtloser Übergang von der kindlichen Anpassung an die Erwartungen der Eltern zu den heutigen Erwartungen der Umgebung. Reifung ist eine Bewegung, bei der der Mensch immer wieder Überholtes aufgibt und neue innere – damit oftmals auch äußere – Möglichkeiten erhält. All dies verleiht einer Führungspersönlichkeit die Lebendigkeit, die sie braucht, um sich auf jeweils Neues einzustellen, um Altes behutsam in Neues zu überführen und um die Mitarbeiter auf diesem Weg der Veränderung zu leiten. Bedenkt man die Bedeutung der inneren Wachstumsprozesse für die Persönlichkeit von Führenden, so müssen sie die Frage im Auge behalten, wie es um ihr Reifwerden bestellt ist und ob ihr Leben die Voraussetzungen enthält, die zu persönlichem Wachstum erforderlich sind.

Zum Thema Gruppenarbeit

IV. Persönlichkeitsbildung in analytisch orientierten Selbsterfahrungsgruppen

Persönlichkeitsbildung im allgemeinen und Bildung von Führungspersönlichkeiten im besonderen ist eine ungemein wichtige und umfassende Aufgabe. Das Wohl unseres ganzen Gemeinwesens hängt unter anderem davon ab, daß die Leute an der Spitze besser führen, daß sie mehr führen, daß sie vertrauenerweckend führen, daß sie aufgrund von Persönlichkeit führen. Führungspersönlichkeiten brauchen wir in der Politik, in der öffentlichen Verwaltung, in der Wirtschaft. Führung verlangt, wie wir sahen, nicht nur auf den oberen Ebenen Persönlichkeit. Auch in den darunter liegenden Rängen gelingt Führung um so besser, je mehr hinter ihr Persönlichkeit steht.

Zum Beispiel wird im Bereich der Schule von manchen neu entdeckt, wie groß die Bedeutung der Persönlichkeit des Lehrers für Erziehung und Unterricht ist. Auch im Bildungswesen geht die Zeit der Gläubigkeit zu Ende, daß schon die richtigen Pläne – Curricula, Lernziele (Grobziele, Feinziele) Lernschritte – und Unterrichtstechniken zum Erfolg verhelfen. Lehrer, die sich als Organisatoren von Lernprozessen verstanden und so etwas wie „Humaningenieure" waren, haben dazu beigetragen, daß die Schule in die heutige Misere geriet. Der Lehrer als Mensch, die Wirkung seiner Persönlichkeit wird derzeit wiederentdeckt. Schon die Übersetzung des griechischen Wortes „paidagogos" zeigt, daß der Pädagoge ein Führer von Kindern und Jugendlichen sein sollte. Jeder Lehrer müßte streng genommen eine Führungspersönlichkeit sein. Eine gewaltige – leider in diesem Ausmaß nicht realisierbare – Aufgabe der Lehrerbildung.

Führung aufgrund von Persönlichkeit ist für das Gemeinwesen im Großen und im Kleinen höchst bedeutsam. Solche Führung macht das Zusammenleben, wie das Leben überhaupt, all der Menschen leichter, die von solcher Führung betroffen sind. Führen aufgrund von Persönlichkeit ist für den Führenden selbst eine große Hilfe. Manche Schwierigkeiten, die aus Reifungsmängeln erwachsen, würden sich erübrigen, wenn die Führenden mehr Persönlichkeit wären. Stabile Persönlichkeit hält vielen Belastungen stand, die mit Führung verknüpft sind. Führung durch Persönlichkeit gibt durch positivere Rückkopplung mehr Erfolg und Auftrieb für die Leitenden.

Die Bedeutung von Führung durch Persönlichkeit dürfte klar sein. Wie aber kann die Zahl der Führungspersönlichkeiten größer werden? Bislang ist dies als Bildungsaufgabe kaum und wenn, dann mehr theoretisch erkannt. An praktischer Persönlichkeitsbildung in Familie, Schule, Hochschule, Erwachsenenbildung, Weiterbildung der Wirtschaft geschieht viel zu wenig. Auf der einen Seite ist es somit notwendig, das Anliegen der Persönlichkeitsbildung allen Bildungsträgern näherzubringen und sie zu den erforderlichen Konsequenzen anzuregen. Auf der anderen Seite sollte da, wo es möglich ist, mehr Persönlichkeitsbildung – besonders bei Führungskräften – versucht werden. Das kann auf verschiedenen Wegen geschehen. Die dabei gewonnenen Erkenntnisse sollten ausgetauscht und überprüft werden. Elemente, die sich bewährt haben, sollten, soweit das möglich ist, in die Bemühungen um Persönlichkeitsbildung bei anderen Bildungsträgern einfließen.

Solche Bemühungen um Persönlichkeitsbildung bei Führungskräften werden am INSTITUT MENSCH UND ARBEITSWELT seit vielen Jahren unternommen. Dabei wurden Erkenntnisse und Methoden, die in verschiedenen psychologischen Schulen gewonnen wurden, zu einem Bildungskonzept vereint. Persönlichkeitsbildung streben wir durch verschiedenartig gestaltete Gesprächsgruppen an. Unter anderem geschieht Persönlichkeitsbildung innerhalb von Selbsterfahrungsgruppen, die analytisch ausgerichtet sind. Jene Bemühungen sind folglich stark beeinflußt von tiefenpsychologischen Erfahrungen und Zielsetzungen. Bei diesem Konzept werden aber durchaus die Grenzen und Schwächen des analytischen Ansatzes gesehen. Und umgekehrt versuchen wir, auch die Möglichkeiten und Stärken anderer Schulen für die Persönlichkeitsbildung fruchtbar zu machen.

Ich halte ein integrierendes Verfahren für unabdingbar. Menschen, Lebensabschnitte, Situationen, zwischenmenschliche Konstellationen sind verschieden. Wer der Individualität von Menschen, der lebensgeschichtlichen Einmaligkeit von Situationen, der speziellen Bedingtheit zwischenmenschlicher Beziehungen, der jeweiligen Konstellation von Gruppen gerecht werden will, wer hier individuell und situationsgerecht weiterhelfen und weiterführen möchte, darf nicht dogmatisch verengt sein. An der einen Stelle sind Verständnismöglichkeiten und hilfreiche Antworten erforderlich, die sich mehr aus einer bestimmten psychologischen Richtung ergeben. In einem anderen Moment kann man besser mit einem anderen Modell ansetzen. Bei dieser Vorgehensweise entsteht kein psychologischer Mischmasch. Jenes Verfahren folgt umgekehrt einem Grundprinzip von Wissenschaftlichkeit. Ihm zufolge muß eine Methode immer dem jeweiligen Gegenstand angemessen sein. Sie muß sich vom jeweiligen Gegenstand her ergeben.

Bei dieser Art von Persönlichkeitsbildung bei Führungskräften, die ich nun näher beschreiben will, werden Gruppen gebildet, die sieben Mitglieder neben dem Leiter umfassen. Sie kommen über zwei Jahre hinweg in der gleichen Besetzung regelmäßig zusammen mit Ausnahme von Urlaub, Krankheit und unaufschiebbaren beruflichen Verpflichtungen.

1. Die Gruppe als Übungsfeld

Die meisten übenden Verfahren, die bei Führungskräften angewendet werden, finden in einer Art Laborsituation statt. Die Lernbedingungen sind künstlich hergestellt. Rollenspiele und andere Experimente werden durchgeführt, die mit der Praxis der Betreffenden unmittelbar nichts zu tun haben. In unseren Gruppen verzichten wir auf künstliche Übungen, selbst wenn sie bisweilen einen speziellen Erfahrungswert für den Betroffenen besitzen. Wir nehmen den *Alltag der Gesprächsteilnehmer* in das Gruppengeschehen hinein und versuchen zum Alltag hinzuführen. Fähigkeiten der einzelnen werden nicht durch künstliche Anordnungen, sondern durch verbindliches miteinander Umgehen in der Gruppe entwickelt. Wir sind bestrebt, keine Sandkastenspiele zu treiben, sondern leben zu lernen und dabei Persönlichkeiten zu werden.

Der Einstieg in die Gruppengespräche liegt nahe: Irgendein Teilnehmer ergreift das Wort und berichtet von Schwierigkeiten, die er hat mit Kollegen, mit Vorgesetzten, mit Sachaufgaben, mit sich selbst, mit Menschen in seinem Privatbereich. Dadurch kommt das Gespräch in Gang. Es folgen Fragen, die das Gehörte konkretisieren und präzisieren. Oft wird nämlich zu allgemein geredet. Häufig können sich die Zuhörer nicht deutlich genug vorstellen, was der Berichtende meint, was sich tatsächlich zugetragen hat. Bereits dieser erste Schritt ist hilfreich. Oft besitzt der Betroffene selbst kein klares Bild von dem, was da eigentlich passierte, bzw. was immer noch abläuft. Durch Fragen wird er dazu angehalten, sich dessen klarer bewußt zu werden, was geschah und geschieht. Manches wird ihm nun von selbst klarer. Er erlebt deutlicher, wie in der geschilderten Situation andere auf ihn und wie er auf andere gewirkt haben bzw. hat. Die Selbsterfahrung beginnt. Im konkreten Wiedererleben und Aussprechen klingen Affekte, die mit jenen Problemen verbunden waren, ab.

Durch die Konkretisierung können alle Gesprächsteilnehmer besser mit dem, was sie erfahren haben, umgehen. Jeder Teilnehmer ist gehalten, anhand der Begebenheiten, die einer mitteilt, bei sich zurückzufragen: Wie sieht es an dieser Stelle mit mir aus? Die Frage nach Zusammenhängen stellt sich. Andere erzählen von ähnlichen Dingen bei sich selbst. Es wird versucht, herauszuarbeiten, wo Ursachen von Problemen, die einen betreffen, bei anderen und wo sie bei sich selbst liegen. Aufrichtigkeit wird erprobt. Die Gruppe sucht gemeinsam nach Lösungen für den einzelnen. Hinwendungen zum anderen, Zurückstellen von Eigeninteressen um des Gesprächspartners willen ist nötig.

Schon diese ersten Sätze, die in das Geschehen einer analytisch orientierten Gruppenarbeit einführen, die der Persönlichkeitsbildung dienen soll, lassen erkennen, daß die Gruppe ein Übungsfeld darstellt, auf dem Fähigkeiten, die zur Persönlichkeit gehören, sowie Kräfte, die Reifung anregen, herausgefordert, gefördert und auf diese Weise entwickelt werden. Auch eine analytisch orientierte Selbsterfahrungsgruppe, wie wir sie verstehen, schließt Elemente der Verhaltenspsychologie in sich ein. Die Gruppenmitglieder üben sich, um das nochmals zu wiederholen, in bestimmten Fähigkeiten, z. B. in der Fähigkeit, Fakten konkret und möglichst wirklichkeitsnah aufzunehmen.

Dennoch tauchen bereits an dieser Stelle Hemmnisse auf, die notwendigerweise über ein nur trainierendes Verfahren hinausweisen: Jede Wahrnehmung ist zugleich eine subjektive Deutung der Realität, die der Wahrnehmende bewußt oder noch mehr unbewußt vornimmt. Selbst bei scheinbar so einfachen Fähigkeiten wie einer Bestandsaufnahme von Tatsachen kommt das Subjekt des einzelnen mit der eigenen Subjektivität ins Spiel. Um ein höheres Maß von Zuwendung zur äußeren Wirklichkeit, von möglichst realitätsnaher Wahrnehmung der Wirklichkeit zu erlangen, gilt es im zweiten Schritt, die Subjektivität jedes Gesprächspartners von analytischen Ansätzen aus anzugehen.

Konkret: Einer eilt beim Schildern von Erlebnissen rasch über das hinweg, was sich zugetragen hat. Dabei bleibt für ihn und die anderen vieles im Vagen. Mit ungefähren Fakten kann man jedoch nicht umgehen. Hier ergeben sich Mißdeutungen, Mißverständnisse, Spekulationen, Kommunikationsstörungen. Daß sich der Berichtende keine Zeit nimmt, um genauer wiederzugeben, kann Gründe haben, die in Fehlhaltungen seines Bewußtseins oder in Fehlsteuerungen aus seinem Unbewußten liegen. Im Rahmen seiner bewußten Lernfähigkeit muß die Gruppe den Betreffenden dazu erziehen: „Eins nach dem anderen, nicht springen, bitte konkret, wie war es genau." Auf diesem Wege lernen der einzelne und die ganze Gruppe in der Arbeit mit dem einzelnen, soweit wie es geht, Fakten ohne Unklarheiten, Allgemeinplätze, Verfälschungen, Überspielungen wahrzunehmen und darzustellen. Im Gruppengespräch soll gelernt werden, ehrlich zu sich und zu anderen zu werden. Bei dem einen früher, bei dem anderen später, stößt man dabei allerdings auf Blockaden. Hinter ihnen stecken Illusionen und andere Probleme, die dem Betreffenden nicht bewußt sind.

Gerade weil emotionale Einflüsse die Wahrnehmungen, Erinnerungen, Selbsteinschätzung, Äußerungen trüben, würde hier ein rein intellektuelles Training zur höheren Objektivität in Aufnahme und Wiedergabe nicht viel einbringen. Es entstünde außerdem in diesem Fall ein kaltes, steriles Klima des Registrierens, Sammelns, Übermittelns, Bearbeitens von Informationen. In einer derart unbeteiligten, seelenlosen Atmosphäre könnte keiner persönlich aus sich herausgehen. Jeder hätte das Gefühl, auf einen intellektuellen Seziertisch gelegt, mit kühlen Augen gemustert und mit Hilfe der Instrumente eines kalten Verstandes auseinandergenommen zu werden.

Die Verständigung auf der rationalen Ebene, das Angehen von Sachproblemen muß demnach getragen sein von einer Gefühlsebene, auf der die Gruppenmitglieder ebenfalls in

Verbindung stehen. Das verlangt, daß jeder mit seinen Worten nicht nur verständliche Informationen weitergibt, sondern daß er zugleich gefühlsmäßig in ihnen anwesend ist. Damit emotionale Kommunikation möglich wird, muß jeder auch die Gesprächspartner gefühlsmäßig auf sich wirken lassen. In den Gruppengesprächen wird angestrebt, an den Partnern gefühlsmäßig beteiligt zu sein. Dabei hilft, wenn jeder den anderen immer wieder darauf aufmerksam macht, daß und wo er sich gefühlsmäßig ausblendet. Wieder gilt, es zunächst einmal die Tatsachen sehen zu lernen. Meistens ist man ja derart in bestimmten Haltungen befangen, daß sie einem noch nicht einmal bewußt werden.

Natürlich stoßen die Gespräche auch hier wieder rasch auf Barrieren, die zwischen dem Bewußtsein und dem Unbewußten liegen. Die Bereitschaft, sich gefühlsmäßig zu engagieren, ist zwar oft vorhanden, doch mit der Einsicht und dem Willen allein kann keine Änderung herbeigeführt werden. Hier gilt es, die unbewußten Gründe für die Unterdrückung von Gefühlen anderer Menschen und sich selbst gegenüber herauszuarbeiten und erlebbar zu machen. Im allgemeinen hat es jeder ein Stück weit in der Hand, Gefühle zuzulassen oder auf intellektuelle Distanz zu gehen. Meistens schützen wir uns vor den eigenen Gefühlen und davor, gefühlsmäßig von Mitmenschen berührt zu werden. Wir unterbinden z. B. emotionale Beteiligung, weil wir nicht leiden wollen. Wir möchten nicht verletzbar werden. Wir befürchten Komplikationen, weil wir Gefühle nicht so ohne weiteres steuern können. Wir haben Angst, Gefühle könnten Herrschaft über uns gewinnen. Soweit jeder hierzu in der Lage ist, wird folglich in der Gruppe geprobt und geübt, mit Gefühlen zu antworten. Gute Erfahrungen, die jeder hierbei macht, bestärken in diesem Verhalten. Das Lob des Leiters oder anderer Gesprächsteilnehmer, daß man hier Wagnisse eingeht, gibt Ermunterung. Später merkt jeder selbst, daß die Verbindung zum Mitmenschen besser wird und daß das eigene Leben lebendiger und reicher wird, wenn man mehr gefühlsmäßig am Mitmenschen Anteil nimmt.

An dieser Stelle müssen wir uns abgrenzen gegenüber dem Umgang mit Gefühlen, wie er in manchen Selbsterfahrungsgruppen üblich ist. Allzu oft wird in Gruppen über Gefühle geredet, die man selber hat, oder die die anderen haben. Hierbei werden unter der Hand Gefühle zu Gegenständen, die man bearbeitet, analysiert, zu denen man aufs neue Distanz einnimmt und die bei alledem zerredet werden. Auf diese Weise werden Teilnehmer an Gruppen durchaus nicht fähig, unter anderem auch als Gefühlswesen zu leben, also gefühlsmäßig zu erfahren und gefühlsmäßig beteiligt zu handeln. Sie gewöhnen sich oft daran, mit Gefühlen zu hantieren und aus Gefühlen Inhalte zu machen, die sie manipulieren können.

Auch das Umgekehrte gibt es in vielen Gruppen: das gemeinsame Bad in Gefühlen. Gefühle werden geäußert, einer steckt den anderen an, man taucht voll in die Gefühle anderer ein oder erzeugt eine Gruppengefühlswoge, in der alle herumschwimmen. Im ersten Fall bezieht man Gefühlen gegenüber eine neue intellektuell-manipulatorische Distanz. Im letzteren Fall geht der Abstand total über Bord. Einer identifiziert sich emotional mit dem anderen. Oder es bilden sich dumpfe Kollektivaffekte der Gruppe. Eine emotionale Gruppenidentität tritt ein. Auch das ist ein Irrweg, denn die Identität, die Eigenständigkeit des Einzelmenschen soll durch Gruppengespräche ja nicht aufgehoben, sondern – jedenfalls in unserer Zielsetzung der Persönlichkeitsbildung – stärker ausgeformt werden. Persönlichkeiten sollen sich bilden, die imstande sind, gefühlsmäßig mit anderen Menschen zu kommunizieren.

Eine solche Gemeinschaft von Personen ist gekennzeichnet durch *Eigenständigkeit ihrer Mitglieder*, durch *personales Gegenüber* sowie durch *Mitteilen eigener Gefühle* und An-

teilnehmen an Gefühlen anderer. Gerade in den Worten Mit-teilen, Anteil-nehmen kommt zum Ausdruck, daß hier Teil-haben am Mitmenschen, an seinen Gefühlen, an seinen Gedanken, an seiner Person und nicht Verschmelzung mit den anderen, auch nicht wechselseitiges Eintauchen und Einswerden mit der Gefühlswelt anderer Menschen angestrebt wird. Auf eine Formel gebracht lautet dies: *Partizipation* und nicht Identifikation soll möglich werden. Dennoch ist es ein wichtiger Bestandteil der Gruppenarbeit, daß jeder lernt, in seinen Worten, mit seinem Sprechen nicht nur trockene Inhalte, sondern auch seine gefühlsmäßige Beteiligung zu äußern. Das geschieht meistens weniger, indem man über das spricht, was man empfindet, sondern indem Stimme und Worte Wärme, Herzlichkeit, Mitgefühl, Trauer, Freude, Ärger, Unmut und andere Gefühle enthalten.

Darüber hinaus gilt es, sich in der Gruppe darin zu üben, anderen Menschen Angenehmes und Unangenehmes zu sagen. Wie selten wird in der Arbeitswelt gelobt! Das hängt nicht nur mit dem Übermaß an sachlicher Einstellung am Arbeitsplatz zusammen, sondern auch mit den Hemmungen in uns, anderen Menschen etwas Gutes zu sagen. Wir scheuen uns, Gefühle zu zeigen. Vielen fällt es ähnlich schwer, einem Partner direkt ins Gesicht zu sagen: „Ich habe mich über Sie geärgert." Auch diese Fähigkeit, negative Gefühle mitzuteilen, wird in der Gruppe geübt. Anlässe dazu gibt es genügend. Schließlich sollte jeder fähig werden, sich auch Gefühlen überlassen zu können. Es ist schlimm, wenn einer nicht mehr weinen kann, wenn er am Ende so beherrscht ist, daß nicht er seine Gefühle beherrscht, sondern daß ihn seine Beherrschung beherrscht. Die Gruppenarbeit versucht das Übermaß an Kontrolle der Gefühlswelt, das Überwiegen der Verstandeswelt, das bei den meisten von uns besteht, abzubauen. Im Rundgespräch entsteht Mut, Gefühle mehr laufen zu lassen und sie in der Gruppe zu äußern. Das Wagnis gilt es einzugehen: Wie komme ich hierdurch bei den Partnern an? Akzeptieren sie mich oder verneinen sie mich?

Dies verlangt eine andere Art zu sprechen, die ebenfalls in der Gruppe erprobt wird: Mehr Spontaneität im Sprechen, mehr Unmittelbarkeit im Ausdruck, mehr Direktheit in der Rede. Im all gemeinen läuft das, was wir sagen wollen, zu sehr über den Verstand. Dort wird der Inhalt in eine angemessene Form gebracht. Vor allem wird hier überprüft, ob und wie man das äußern kann, was man möchte. Häufig überlegt man hin und her: „Kann ich das sagen? Was sage ich? Wie sage ich es? Was denken dann die anderen?" Oder gar: „Wenn der andere das und das hierauf sagt, was sage ich dann?" Auch während des Sprechens läuft meistens die Kontrolle dessen, was man redet, weiter. Oft behalten wir zugleich die Reaktion der Partner im Auge und richten uns danach. Bei dieser Art von Sprechen gehen Unmittelbarkeit und Natürlichkeit verloren. Durch das Übermaß der rationalen Steuerung wird der emotionale Anteil, der sich ebenfalls in Worte kleiden möchte, abgefiltert. Oft erzeugt die Verstandeskontrolle da Unterbrechungen, wo sie nicht hingehören. Der Fluß des Sprechens wird unterbrochen. Die Sprache wird stockend. Die Atmosphäre, die hiervon ausgeht, wird künstlich. Häufig überträgt sich dieser Verlust von Unmittelbarkeit auf die Gesprächspartner. In die Gesprächsbeziehung kommen Unsicherheit und Befangenheit hinein.

Wir meinen, es uns nicht leisten zu können, den Kopf beim Sprechen auszuschalten, denn wir befürchten, es käme Unsinn dabei heraus. Man kann jedoch durchaus auch Sinnvolles reden, obgleich das Sprechen nicht ständig über den Kopf läuft. Es gibt nämlich unterhalb des bewußten Denkens ordnende, gestaltende Geisteskräfte, die für sinnvolles Reden sorgen. Ich möchte in diesem Zusammenhang noch einmal an die Archetypen, die C. G. JUNG „entdeckte", also an die geistigen Kräfte im Unbewußten erinnern. Ebenfalls sei darauf verwiesen, daß kleine Kinder in den ersten Lebensjahren unmittelbar reden, ohne viel davor und dabei zu reflektieren. Hierbei kommt oft erstaunlich viel Wahrheit oder gar Weisheit heraus. Unverbildete Kinder sind häufig dem Wesentlichen und dem Wahren näher als wir ge- und verbildeten Erwachsenen. Mit unserem Kopfwissen wird der Zugang zur Weisheit in der Tiefenseele meistens so stark überlagert, daß uns jenes Wissen und jene Möglichkeiten im Erwachsenenalter nicht mehr zur Verfügung stehen.

Das Gruppengespräch strebt an, die direkte, spontane Art des Sprechens wieder zu erschließen. Die Mitglieder versuchen nicht nur vom Intellekt vorfabrizierte Worte und Gedankengänge vorzutragen. Sie riskieren vielmehr, soweit ihnen bei dem hohen Maß von Dauerreflektiertheit, das die meisten von uns kennzeichnet, Spontaneität erhalten blieb, darauflozureden. Erneut muß man Vertrauen wagen: Vertrauen, daß nicht alles Krampf ist, was man sich nicht vorher gründlich in seinem Kopf zurechtgelegt hat. Vertrauen, daß man nicht von den Gruppenmitgliedern abgelehnt wird, wenn man bei den ersten unsicheren Versuchen so zu sprechen, im Unklaren verbleibt. Jeder übt sich im Vertrauen, daß er ruhig auch einmal mit Worten überziehen kann, weil sich anschließend das Überzogene wieder korrigieren läßt.

Sich üben im spontanen Sprechen darf natürlich nicht als Anleitung zum gedankenlosen Daherreden im Alltag verstanden werden. Meistens sollte einen das, was man sagen möchte, vorher gründlich beschäftigt haben. Was im Stillen überdacht wurde, kann in das Unbewußte absinken und in dem Moment, wo es dran ist, spontan und direkt wieder hervorkommen. Darüber hinaus sollten wir aber auch mehr Mut haben, spontane Einfälle zu äußern und vorher nicht überlegte Fragen zu stellen.

All das gilt es in der Gruppe zu üben, damit jeder im spontanen Reden sicher wird und das richtige Maß findet. Auch hier bildet sich ein positiver Regelkreis: Man macht die Erfahrung, daß man, indem man es riskiert, so zu sprechen, im Laufe der Zeit sicherer wird. Die Gesprächsteilnehmer stellen fest, daß hierbei eine direktere Verbindung zu den Partnern zustande kommt. Je mehr der Sprechende in seinem Wort anwesend ist, je weniger sich der Kopf trennend zwischen ihn und das Gegenüber schiebt, je mehr einer nicht nur Sachverhalte, sondern in der Art seines Redens sich selber mitteilt, um so mehr entsteht unmittelbare Kommunikation von Mensch zu Mensch. Wie bedeutsam es ist, daß gerade Führungskräfte zu dieser Art von Kommunikation fähig sind und daß es ihnen möglich wird, durch ihr Vorbild unmittelbareres Sprechen und direktes Kommunizieren bei ihren Mitarbeitern anzuregen, brauche ich sicher nicht weiter ausführen.

Die Gruppe stellt weiterhin ein Übungsfeld dar, auf dem jeder lernen soll, in kleinen Schritten Neuland zu betreten und dennoch, wenngleich in langsamem Tempo, voranzukommen. Wir alle müssen diese mühsame, bescheidene Art der Vorwärtsbewegung wieder mehr lernen. Führungskräfte sollten dabei anleiten. Also müssen sie sich selbst zunächst einmal darin üben. In der Zeit des raschen Wachstums, des Überflusses, der günstigen äußeren Bedingungen, haben wir uns daran gewöhnt, daß es meistens schnell vorangeht. Oft war mit raschen Erfolgen kein allzu großer Aufwand verbunden. Die schwieriger gewordenen Lebensverhältnisse verlangen von uns die Einsicht, daß wir jetzt kleinere Brötchen backen müssen. Heute ist meistens mehr Einsatz zum Erfolg nötig. Also müssen wir mehr Geduld und mehr Zähigkeit aufbringen. Gerade die um sich greifende Resignation zeigt, wie notwendig der Erwerb dieser Fähigkeiten ist. Viele haben derzeit den Eindruck, man könne am Verlauf der großen Entwicklung ohnedies nichts ändern. Deshalb machen sie häufig von den kleinen Handlungsmöglichkeiten, die sie dennoch besitzen, zu wenig Gebrauch. Durch die Schwierigkeiten im Großen lassen wir uns beim Verwirklichen der kleinen Chancen, die sehr wohl vorhanden sind, abbringen. Damit trägt jeder zu der Lethargie bei, die es so schwer macht, lenkend in das große Ganze einzugreifen. Eben dies gilt es neu zu lernen: die eigenen kleinen Möglichkeiten wahrzunehmen, auch wenn man nicht weiß, wie weit einen das voranbringt und wieviel das im Hinblick auf die mächtigen Trends ändert.

Besonders Führungskräfte brauchen die Fähigkeit, in kleinen Schritten auf Ziele hinzuarbeiten. In Betrieben sind ja ständig Veränderungen nötig. Neue Möglichkeiten gilt es zu nutzen. Dazu muß das Bestehende umgewandelt werden. Das geht in der Regel nicht durch einen großen Sprung nach vorne. Die Widerstände des Bestehenden sind erheblich. Man hat sich an das Hergebrachte gewöhnt. Zum Teil steckt man so in dem Überkommenen drin, daß man noch nicht einmal bemerkt, wie notwendig die Öffnung für Neues wäre. Veränderungen erzeugen zunächst Unsicherheit und Ängste. Viele empfinden Neuerungsbestrebungen als Kritik ihrer Person. Sie haben ja die alten Zöpfe geduldet und nicht von sich aus bereits mit dem Neuen begonnen. Manchmal müssen gordische Knoten durchgeschlagen werden. Meistens aber gilt es, Wandel durch kleine Schritte herbeizuführen. Die Kontinuität des Bestehenden soll ja ebenfalls gewahrt bleiben. Im anderen Fall wächst die Gefahr von Fehlentwicklungen und „Bauchlandungen". Schrittweise Veränderungen erfordern Klarheit in der Zielvorstellung, Zielstrebigkeit im Vorgehen, sehr viel Geduld und Konsequenz. Bei dieser Art von Vorwärtsbewegung wird besonders heute zu früh und zu oft resigniert. Wir sehen keine schnellen Erfolge. Also geben wir auf. Wir passen uns dem Bestehenden an und in kurzer Zeit sind wir denen ähnlich, die wir vorher kritisiert haben. Oder man versucht es mit der Brechstange. Entweder geht im Betrieb dabei manches zu Bruch, oder man erleidet selbst Schiffbruch. Nur in wenigen Fällen ist die Brechstange das richtige Werkzeug.

Das Handeln in kleinen Schritten ist ein schwieriges Unterfangen. Rasche Erfolge stellen sich meistens nicht ein. Zähe

Auseinandersetzungen im Kleinen und viele Enttäuschungen gilt es dabei durchzustehen. Aufkeimende Resignation muß überwunden werden. Auch wenn Ermüdungserscheinungen auftreten und der Erfolg manchmal zweifelhaft erscheint, sollte man den nächsten Anlauf nehmen. Wesentliche Veränderungen brauchen im allgemeinen Jahre. Diese Zeit gilt es mit kleinen Schritten zu durchmessen. Das verlangt Augenmaß, Zähigkeit, Frustrationstoleranz, Ichstärke. Was eben im Hinblick auf äußere Gegebenheiten dargelegt wurde, trifft in gleicher Weise auf die Innenwelt des Menschen, auf Veränderungen bei sich selbst zu. Auch sich selbst gegenüber stellt sich oft zu früh die bequeme und resignative Feststellung ein: „So bin ich eben. Da ist nichts zu machen." Natürlich ist dem Menschen ein grundlegender Wandel seines Wesens nicht möglich. Es nutzt aber schon sehr viel, wenn er sich hier und da ändert, wenn einige Übel abgemildert werden und wenn einige positive Eigenschaften stärker herauskommen. Dazu ist sehr viel Kleinarbeit an sich selbst sowie Hilfe durch andere Menschen nötig.

Auch das geschieht in den Gruppengesprächen. Die Gruppenmitglieder helfen sich gegenseitig zu erkennen, wo jeder Möglichkeiten besitzt, anders zu werden. Es zeigt sich dann etwa in den Gesprächen, daß der eine in Besprechungen nicht den Mut hat, seine Meinung zu sagen. Er möchte sich nicht in die Schußlinie bringen, obgleich er meint, manches besser zu wissen. Ein anderer kuscht aus Angst vor seinem Chef, obwohl ihm objektiv gesehen nichts passieren kann. Ein dritter wagt es selbst in der Gruppe nicht, freiweg zu reden, weil ihm das zu unvertraut ist. Der erste wird dazu ermutigt, es einmal auszuprobieren, ob er wirklich Unwillen erregt, wenn er seine Ansicht äußert. Der nächste versucht nun, trotz seiner Angst, in Ungnade zu fallen, bei der nächsten Gelegenheit weniger oder gar nicht zu buckeln. Der dritte nimmt immer wieder Anläufe, um seine Hemmungen in der Gruppe zu überspringen.

Aufgabe der Gruppe ist es, im Auge zu behalten, ob jeder seine Möglichkeiten der Änderung in kleinen Schritten wahrnimmt. Sie achtet ebenfalls auf das Verhalten außerhalb der Gruppe. Damit entstehen Ansporn ebenso wie ein gewisser Druck, der es dem einzelnen leichter macht, seine Ängstlichkeit oder auch nur die Trägheit zu überwinden. In der Regel stellt sich heraus, daß auf diese Weise einige der Wesenszüge heranwachsen, die zu Führungspersönlichkeit gehören.

Im Untergrund vollzieht sich dabei unter anderem eine Auseinandersetzung mit der Angst. Aus Angst weichen wir vor dem zurück, was uns Angst bereitet. Wir reden uns ein, wir hätten keine Angst. Dabei verdrängen wir nur die Angst, die tatsächlich besteht. In der Gruppe bahnt sich ein anderer Umgang mit der Angst an: Die Mitglieder üben sich darin, sich den Ängsten zu stellen und trotz der Ängste das zu tun, was nötig ist. Wie gesagt, das geschieht in kleinen Schritten. Zuviel Angst wäre zu Beginn eine Überforderung. Bei den ersten Schritten setzt man sich nur kleineren Ängsten aus. Durch gute Erfahrungen auf diesem Weg wird die Angst geringer. Zunächst machen die Gruppenmitglieder meistens die Erfahrung: riskieren sie es, auf das zuzugehen, was ihnen Angst macht, so passiert meistens das nicht, was sie befürchten. Nicht die furchterregende Situation ist das Problem, sondern die eigene Angst vor der Angst. Zugleich wird diese Angst schwächer, in dem man erfährt, wieviel jeder riskieren kann, ohne daß etwas schiefgeht.

Dieses Üben kleiner Schritte in der Gruppe ist eine wichtige Möglichkeit, um ein höheres Maß von Stabilität der Persönlichkeit, um mehr Ichstärke zu erwerben. Mit jedem kleinen Schritt geht ja ein Gruppenmitglied gegen innere und äußere Widerstände an. In dosierter Form stellt man sich bewußt Ängsten und anderen Unlustspannungen. Durch solche zumutbaren kleinen Belastungen wächst die Belastbarkeit. Im Aushalten unangenehmer Spannungen erhöht sich die Frustrationstoleranz. Aus alledem entwickelt sich Ichstärke.

Auch die neuen Werthaltungen müssen mittels kleiner Lernschritte eingeübt werden. Nehmen wir die Treue zu sich selbst als Beispiel. Jeder versucht mit seinem Verhalten in seiner Umgebung gut anzukommen. Dabei legt er oft ein Verhalten an den Tag, das seiner Wesensart nicht entspricht. Wir spielen aus diesem Grunde mehr oder weniger weitgehend Rollen. Unser Verhalten geht oft derart auf im Rollenspiel, daß am Ende von der Eigenart der Persönlichkeit, von der Individualität des Menschen kaum mehr etwas übrig bleibt. Für viele ist heute ihr Menschsein gleichbedeutend mit einem Verhalten geworden, das jeweils bei der Umwelt gut ankommt. Führungspersönlichkeit beinhaltet Individualität. Auch bei Führungskräften muß diese eigene Persönlichkeit von den Überlagerungen durch auf Wirkung abgestimmtes Verhalten freigelegt werden. Das geschieht ebenfalls in den Gruppengesprächen: Kein schönes Daherreden, um zu gefallen. Kritik dessen, was die einzelnen als aufgesetzt empfinden. Ermutigung in der Gruppe, man selbst zu sein. Gewinnen die Gesprächsteilnehmer dabei mehr Sicherheit, so wagen sie mehr denjenigen gegenüber, die Macht über sie besitzen. Sie riskieren es, ihnen weniger zu Gefallen zu sein. Sie reden ihnen nicht so viel nach dem Munde. Sie beten weniger deren Meinung nach. Die eigenen Auffassungen werden offener vertreten. Man wagt seinen eigenen Stil. In vielen kleinen Schritten lernen sie, nun auch im Alltag sich selber treu zu bleiben, auch wenn daraus bisweilen äußere Nachteile erwachsen. In der Regel halten sich die Nachteile in Grenzen. Bei unterschiedlicher Meinung werden häufig Kompromisse gefunden, die für beide akzeptabel sind. Hier und da muß man erheblich zurückstecken. Auch das führt noch nicht unbedingt zum Verlust des eigenen Profils.

Bisweilen wird jedoch nun deutlicher, daß der Chef generell das zu wenig akzeptiert, was einem persönlich wichtig ist.

Gelegentlich kann der Zuwachs an eigener Linie, eigenen Ideen, eigenständiger Persönlichkeit, persönlicher Verantwortung dazu führen, daß Mitglieder solcher Gruppen aus Firmen ausscheiden müssen, in denen jene Eigenschaften zu wenig gefragt sind. Ich halte diesen Preis für Treue zu sich selbst nicht für zu hoch. Wer als Führender eigenes Profil, gute fachliche Befähigung und ausgeprägte mitmenschliche Fähigkeiten besitzt, findet eine neue Position. Führungspersönlichkeiten sind rar. Auf der anderen Seite sollte sich im Bewußtsein der Zuständigen aber noch besser festsetzen, daß Führungspersönlichkeiten keine Jasager sein können. Sie sind in gewissem Umfang unbequem.

Man kann fragen, inwieweit eine solche Gruppenarbeit, die viele Übungselemente enthält, tatsächlich der Persönlichkeitsbildung dient. Handelt es sich vielleicht bei ihr doch nur um ein Verfahren, bei dem einzelne Verhaltensweisen des Menschen trainiert werden? Soll die Persönlichkeit des Menschen heranreifen, so sind hierzu Anreize und Anforderungen nötig. Das bedeutet zunächst, sich der Realität gegenüber möglichst weitgehend öffnen. Je stärker einer im Gespinst der eigenen Vorstellungen lebt, um so besser ist er zwar vor schmerzlichen Erfahrungen mit der Welt geschützt. Um so mehr ist ein solcher Mensch aber auch isoliert. Die Reize der Wirklichkeit erreichen ihn weniger. Weil sie seinen Reizschutz nicht durchschlagen, kommt bei ihm auch nichts in Gang. In der Gruppenarbeit wird also die Fähigkeit eingeübt, sich der Wirklichkeit auszusetzen, damit von ihr Reize zur Persönlichkeitsbildung ausgehen: Üben als Vorstufe der persönlichen Reifung.

Um sich in dieser Weise der Welt öffnen zu können, bedarf es schon einer gewissen *Belastbarkeit*. Manches hiervon wird Zug um Zug in den Gruppengesprächen aufgebaut, damit zunehmende Öffnung der Wirklichkeit gegenüber gelingt. Beim Erwerb jener Fähigkeit hilft die gefühlsmäßige Beteiligung im Umgang der Gruppenmitglieder untereinander. Sie versuchen kritisch und zu gleich solidarisch miteinander umzugehen. Jeden gilt es, in Frage zu stellen. Aber jeder sollte grundsätzlich angenommen werden.

Es ist gar nicht so leicht, jemanden, der einem nicht von vornherein sympathisch ist, zu akzeptieren. Hier ist wohlgemerkt kein theoretisches Bejahen, sondern gefühlsmäßige Teilnahme am anderen gemeint. Auch das Annehmen derer, die einem nicht liegen, gilt es in der Gruppe zu üben. Gelingt dies, so trägt einer den anderen. Geborgenheit und Kraft entstehen, die nötig sind, damit neue Schritte gemacht werden können. Durch die emotionale Verbundenheit gehen im Gruppenprozeß viele Anregungen und Beanspruchungen unter den Teilnehmern hinüber und herüber. Das fördert und fordert ihre Reifung.

Auch das Bestreben, unmittelbar in den eigenen Worten zugegen zu sein, wirkt persönlichkeitsbildend. Das stark vom Intellekt gesteuerte und kontrollierte Reden schafft eine Atmosphäre der Mittelbarkeit. Ein solches Sprechen vermittelt wenig emotionale Anregung. Die oft mit diesem Sprechen verknüpfte Sicherheitshandlung bewirkt im Gegenteil Unsicherheit und Reserve beim Partner. Er weiß zu wenig gefühlsmäßig, woran er bei dem anderen ist. Meistens schützt er sich jetzt ebenfalls mit einer Sicherheitshaltung. Sicherheitsstreben blockiert aber den Reifungsfluß. Unmittelbares Reden ermöglicht, wie wir sahen, nicht nur rationale, sondern umfassende Kommunikation von Mensch zu Mensch. Diese Art von Begegnung trägt zum Werden der Persönlichkeit bei.

2. Das Analytische in der Gruppe

In den bisherigen Ausführungen wies ich an mehreren Stellen darauf hin, daß übende Methoden allein zur Persönlichkeitsbildung nicht ausreichen. Persönlichkeitsbildung verlangt ja, daß die Blockaden der Reifungsprozesse gelöst werden. Fehlentwicklungen gilt es zu korrigieren. Nachreifung muß in Gang gebracht werden. Die Reifungssperren liegen jedoch ebenso wie die Weichenstellung für Fehlentwicklungen häufig im Unbewußten. Die Schichten, aus denen persönliches Wachstum gespeist wird, gehören gleichfalls den Tiefenschichten der Seele an. Unbewußte Gegebenheiten sind aber dem Zugriff des Willens entzogen. Sie verbergen sich auch vor der direkten Selbstwahrnehmung. Mit analytischen Methoden läßt sich das Unbewußte – jedenfalls zum Teil – ins Bewußtsein heben. Damit erweitert sich der Raum von Einsicht und Entscheidungsfreiheit. Durch Analyse (analyein, griech. = auflösen) von Abwehreinrichtungen, die das Ich vor unangenehmen Erfahrungen schützen, die aber auch den wechselseitigen Fluß zwischen Bewußtsein und dem Unbewußten behindern, dringen Anregungen in die Reifungsschichten des Unbewußten ein. Zugleich beginnen sich Reifungsimpulse aus dem Unbewußten auf das bewußte Erleben und Handeln der Persönlichkeit auszuwirken.

Sehr rasch stoßen die Gruppengespräche auf die Abwehreinrichtungen der Projektion. Wir erkannten ja, daß Wahrnehmung von Realität gar nicht so einfach ist. Verschiedene Personen erleben Geschehnisse auf ihre Weise. Sie haben unterschiedliche Erinnerungen daran. Es fällt oft schon schwer, sich auf eine gemeinsame Sicht dessen, was war und ist, zu einigen. Die Deutung des einzelnen und seine dahinterstehende Subjektivität behindern die Verständigung. Jeder trägt in seine Erfahrung äußerer Wirklichkeiten ein Stück von sich selbst ein: seine Art, die Dinge zu sehen, seine Voraussetzungen, seine Wünsche, seine persönliche Eigenart prägen seine Erfahrungen, Ansichten, Folgerungen.

Besonders deutlich wird dies bei zwischenmenschlichen Schwierigkeiten. Häufig legt man in das Verhalten eines anderen Menschen Dinge hinein, die an sich nicht darin enthalten sind. Dem anderen werden Meinungen und Absichten unterstellt, die er nicht oder nicht in diesem Ausmaß hat. Damit stellt sich bei jeder Bestandsaufnahme die Frage: Was ist objektiv, was ist subjektiv? Berichtet ein Gesprächsteilnehmer z. B. von einer bestimmten Vorgehensweise eines Vorgesetzten, von den Wirkungen, die das in ihm hinterließ, von den Vermutungen, die er nun hat, so ist es Aufgabe der Gruppe, in gemeinsamem Nachdenken mit dem Betroffenen zu prüfen, was subjektiv und was objektiv ist, was von dem Geschehen bzw. von der Erfahrung der eigene Anteil des Berichtenden und was der Anteil dessen ist, von dem er berichtet.

Es ist wichtig, daß dieses Phänomen überhaupt erst einmal deutlich ins Gesichtsfeld tritt. Im allgemeinen geht jeder von der naiven Annahme aus: „Was ich sehe, ist so" bzw. „Wie ich die Dinge sehe, sind sie." Hier liegt bereits ein wesentlicher Grund, warum Kontrahenten oft nicht miteinander reden können. Jeder beansprucht die objektive Wahrheit für sich. Weil sich dann zwei scheinbar objektive Wahrheiten gegenüberstehen, gibt es keine gemeinsame Basis, auf der ein Gespräch möglich wäre. In den Gruppengesprächen müssen sich also die Teilnehmer eine Betrachtungsweise aneignen, die ihnen in Fleisch und Blut übergehen sollte:

1. Wenn ich etwas so oder so sehe, dann ist es meine Sicht der Dinge. Ich räume damit anderen ein, daß sie ihre Sicht der Dinge haben, die ebenso imstande ist, Wahrheit wiederzugeben.
2. Meine Schau der äußeren Wirklichkeit enthält immer einen Teil meiner selbst, also ein Stück meiner inneren Wirklichkeit.

Will ich mich einem höheren Maß von Objektivität annähern, so sollte ich, besonders in krassen Fällen, bei mir selbst zurückfragen: Welche Affekte, Einstellungen und anderes trage ich von mir in die Außenwelt ein. Ist z. B. ein anderer Mensch mir gegenüber tatsächlich so aggressiv, wie ich ihn empfinde? Oder wird er für mich bedrohlich, weil ich in ihn ein Stück der eigenen unterdrückten Aggressivität hineinlege? Vielleicht erscheint er mir auch deshalb als gefährlich, weil ich mich aus einem Grund, der bei mir liegt, so ausgeliefert fühle?

Die Ursachen der Projektionen sind uns meistens nicht oder kaum bewußt. Eine von der Psychoanalyse aufgefundene Gesetzmäßigkeit besagt: Je mehr sich ein Mensch das bewußte Erleben von Wirklichkeit erspart, je mehr er in das Unbewußte abschiebt, um so mehr entlastet sich das Unbewußte auf dem Weg der Projektion des Unterdrückten in die Außenwelt. Dieses Gesetz gilt für den privaten wie für den öffentlichen Bereich. Viele Gefährdungen und Ängste, die aus seiner instabilen seelischen Verfassung herrühren, verlagert der Mensch nach außen. Er wandelt sie heute z. B. um in Zukunftsängste, in Zivilisationsängste, in Bedrohungen durch Kernkraft und andere neue Technologien.

Auch an dieser Stelle fließt Objektives und Subjektives wieder zusammen. Selbstredend sind Zukunft, Zivilisation, Kernkraft, moderne Technologien mit objektiven Gefährdungen des Menschen verknüpft. Und zugleich dienen jene äußeren Gefahren als Kristallisationskerne, um die sich viele Ängste als Folge der inneren Zerbrechlichkeit des Menschen herumlegen. Hier liegt – von den objektiven Schwierigkeiten abgesehen – ein wichtiger Grund, warum eine sachliche Diskussion und eine objektive Einschätzung der äußeren Gefahren so schwer fällt. Je mehr Projektionen zurückgenommen werden, um so realistischer kann folglich die Welt wahrgenommen und bewertet werden. Gerade für Führungskräfte ist es von großer Bedeutung, daß sie zu einer möglichst objektiven Wahrnehmung der Realitäten in der Lage sind.

Durch die Gruppenarbeit wird also der Blick dafür geschärft, wie jeder dazu neigt, eigenes in den anderen hineinzuverschieben und wo dies geschieht. Hier eröffnen die Vorgänge in der Gruppe ein reiches Erfahrungsfeld. In der Art, wie einer auf den anderen reagiert, kommt etwas von ihm zum Vorschein. Wie er Zusammenhänge, die ein anderer darstellt, erklärt, offenbart einiges von ihm. Besonders dem Leiter der Gruppe gegenüber werden sogenannte Übertragungen vorgenommen. Erfahrungen aus der Kindheit, z. B. mit dem strengen Vater, kommen hoch. Von Eltern enttäuschte Hoffnungen auf Güte, Verständnis, Geborgenheit werden wach. Im Gruppengeschehen werden durch den Mut zur Spontaneität Affekte und Aggressionen freigesetzt. In einer für jeden selbst aufschlußreichen Weise werden solche Äußerungen von den einzelnen Gruppenmitgliedern empfunden und beantwortet. In vielen Aktionen und Reaktionen kommen Wirklichkeiten zum Vorschein, die gerne zunächst einmal anderen angehängt werden. Erst durch das klärende Gespräch gelingt es, sie als Teil von sich zu erfahren. Auf diese Weise wird erstens der Blick dafür klar, daß man die Neigung hat, in andere Menschen einiges von sich selbst hineinzudeuten. Zweitens entsteht durch das Bewußtwerden der eigenen Subjektivität mehr Offenheit für andere Menschen und äußere Wirklichkeiten überhaupt. Drittens führt es zur Reifung, wenn Unangenehmes nicht mehr in der Außenwelt untergebracht, sondern bei sich selbst bewußt erlebt wird.

Projektionen sind eine Möglichkeit, unbequemen Erfahrungen aus dem Wege zu gehen. Es gibt daneben eine Reihe anderer Abwehreinrichtungen. Sie dienen alle dem gleichen Zweck: Unlustvolle Erfahrungen von äußeren und inneren Wirklichkeiten zu vermeiden. Aufgrund dieses Selbstschutzes entstehen jedoch Folgeprobleme, die das Leben auf andere Weise beschweren. Es treten z. B. Konflikte zu anderen Menschen auf. Diese lassen sich schwer bereinigen, weil die hierzu notwendige gemeinsame Gesprächsbasis oft zu schwach ist. Beziehungen zu Menschen laufen leer. Dadurch bleiben viele Möglichkeiten bei sich und den Partnern unausgeschöpft. In der seelischen Innenwelt bilden sich häufig Konfliktzustände, die innere Reibungsverluste nach sich ziehen.

Geringere Abwehr nach außen und innen heißt auf der einen Seite, mehr schmerzliche Erfahrungen machen. Auf der anderen Seite wird das Leben dadurch vielfältiger und lebensvoller. Anregungen wirken nun auf den Menschen ein, an denen er reifen kann. Die vordem abgespaltenen seelischen Anteile bringen zwar Spannungszustände mit sich, wenn sie zur Selbsterfahrung zugelassen werden. Sie vergrößern jedoch gleichzeitig die Spannweite der Persönlichkeit. Der Mensch wird durch sie lebendiger, nuancenreicher. Neue Kräfte, brachliegende Begabungen wachsen ihm durch die Lockerung der Abwehrsysteme zu. *Der Weg der Analyse führt somit zur Persönlichkeitsbildung.*

Jeder hat seine Methoden, sich vor Unangenehmem zu schützen. In der Gruppenarbeit helfen sich die Gesprächsteilnehmer dabei, sich selbst mehr auf die Schliche zu kommen. Ein naheliegender Fluchtweg bei vielen Führungskräften heißt Arbeit, Erfolg, Vorwärtskommen. Natürlich gibt es im Menschen, wenn er gesund ist, auch einen gesunden Drang nach Arbeit, Erfolg und Weiterkommen. Zugleich aber wird all dies oft benutzt, um vor manchem, das man nicht wahrhaben will, auszuweichen. Viele Führungskräfte halten sich in ständigem Streß, weil sie Angst davor haben, zur Ruhe und dabei zur Besinnung zu kommen. Sie fliehen vor unbequemen Gefühlen, die dann auftauchen würden.

Im anderen Fall kommen zunächst einmal Ruhelosigkeit, Unbehagen, unbestimmte Ängste heraus. Danach zeigen sich greifbare Fakten, denen man nicht ins Auge schauen möchte. Es ist in den Gruppen zum Teil außerordentlich mühsam zu erreichen, daß bestimmte Teilnehmer mehr zur

Besinnung gelangen. Man verschanzt sich gerne hinter den Sachzwängen der Führungsposition, bis man schließlich bereit ist, zumindest auch in manchen scheinbaren Sachzwängen Fluchtversuche vor sich selbst zu sehen. Jetzt wird es allmählich möglich, das vorher scheinbar Unabdingbare der beruflichen Verpflichtungen abzubauen. Immer wieder muß im Einzelfall in der Gruppe geprüft werden: Sind diese oder jene Anforderungen des Berufs wirklich unabänderbar, oder stürzt sich einer in Arbeiten, damit er nicht zum Nachdenken kommt?

Im Gruppengespräch werden die Ablenkungsmanöver der einzelnen Mitglieder, die sich im Alltag abspielen, kritisch beleuchtet. Je mehr der analytische Prozeß in die Tiefe geht, um so mehr treten Widerstände der Gruppenarbeit gegenüber auf. Das beginnt bei äußeren Dingen. Der eine versucht, das ihm Unbequeme unbewußt noch etwas vor sich herzuschieben, indem er des öfteren zu spät kommt. Der andere hält sich nicht mehr an die eiserne Regel der Präsenzpflicht. Jetzt sind plötzlich Berufstermine nicht verschiebbar, oder die Urlaubsplanung kollidiert mit den Gruppensitzungen. Andere entziehen sich, indem sie schweigen. Sie machen es schwer, sie ins Gespräch zu ziehen. Ein beliebter Trick ist die *intellektuelle Distanz:* Was in der Gruppe passiert, wird aus der Distanz betrachtet und objektiviert. Man fälscht es um in ein Sachthema. Man läßt sich gefühlsmäßig nicht betreffen und versucht, alles intellektuell abzumachen. In der Ausblendung der Gefühlsebene, in dem Bestreben, nur intellektuell miteinander umzugehen, sehe ich neben der Projektion den wichtigsten Abwehrversuch dem Gruppengeschehen gegenüber.

Mit zäher Geduld müssen immer wieder die Widerstände gegen die Gruppenprozesse und die Selbsterfahrung angesprochen und hinterfragt werden. Warum und wozu, aus welchem Grund und mit welcher Absicht schützt sich der eine oder der andere – und all dies oft, ohne sich dessen so recht bewußt zu sein? Welchen Erfahrungen will man ausweichen? Wovor hat einer Angst? Wie muß es wohl an dieser Stelle im seelischen Inneren aussehen, wenn man hier flieht? Wo sind die eigenen wunden Punkte, vor denen Doppeldeckung besteht? Diese Fragen werden leicht wieder von dem Adressaten entschärft, indem er sie als Anfragen an seinen Verstand behandelt. Er beginnt zu reflektieren oder gar zu problematisieren und sich in kühler Distanz selbst zu analysieren. Das ist natürlich unfruchtbar. Auch diese Form von Widerstand muß wieder beim Namen genannt werden. Erneut gilt es Anläufe zu machen, damit der Gefragte nicht seinen Verstand vorschaltet, sondern sich etwas einfallen läßt. Die Anfrage soll gleichsam als Stein fungieren, der in das Wasser der Seele geworfen wird. Aufgabe des Angesprochenen ist es nicht, aktiv mit dem Kopf zu arbeiten, sondern den Stein im Wasser Kreise ziehen zu lassen. Auf diese Weise antwortet das Unbewußte. Inhalte, die mit Gefühlen verbunden sind, fallen dem Betroffenen ein. Die Abwehr wird unterlaufen und damit auf die Dauer gegenstandslos.

Diese analysierende Arbeit ist kein Spiel im Sandkasten. Sie setzt vielmehr an bei realen Begebenheiten. Wenn ein Gruppenmitglied z. B. Konflikte mit Kollegen hat und wenn sich abzeichnet, daß jene Konflikte zum Teil auf sein Konto gehen, also durch Projektionen und andere Fehlhaltungen mitbedingt sind, empfiehlt es sich, nach Parallelsituationen im Leben des Betreffenden zu fragen, in denen sich ähnliches zutrug. Hier wird folglich mit dem Scheinwerfer die Gegenwart und die Vergangenheit auf Analogien abgeleuchtet. Dabei wird demjenigen bewußt, daß sich Typisches in seinem Leben des öfteren wiederholte und daß dies mit ihm zusammenhängt. Er entwickelt ein Gefühl dafür, warum er wohl in speziellen Situationen immer wieder in gleicher Weise reagiert und was hinter seinen Reaktionen steckt. Eine Ahnung kommt in ihm auf, was bei alledem wohl in ihm vorgeht, welche Funktion seine Abwehrmittel haben und was er heute noch unterdrückt.

Der Weg zurück in die Vergangenheit sollte zur Selbsterfahrung führen. Ein Gefühl dafür soll entstehen, wo man sich in bestimmten Situationen falsch verhält – oft wider besseres Wissen und häufig, obgleich man sich anders verhalten möchte. Ein Empfinden dafür entsteht, was sich in einem abspielt, welche inneren Konflikte und Fehlhaltungen am Werke sind, wie sich das alles entwickelte und wo die Ursachen liegen. Wohlgemerkt, hierbei geht es nicht in erster Linie um Erwerb neuer Erkenntnisse über sich selbst. Das Unterdrückende, das Unterdrückte, die Ergebnisse hiervon und die Gründe hierfür sollen erfahren werden. Entscheidend ist auch hier die *gefühlsmäßige Beteiligung*. Durch diese Betroffenheit wird vieles, was früher ins Unbewußte abgeschoben wurde und hier als Störfeld wirkte, erlebt und schon da mit ein Stück verarbeitet.

Weiterhin besitzt jedes Gruppenmitglied die Möglichkeit, das zu äußern, was in ihm hochkommt. Dies soll so zum Ausdruck gebracht werden, daß der einzelne persönlich davon betroffen ist und daß er gefühlsmäßig daran teilnimmt. Diese Äußerungen befreien. *Unverbindliches Reden über psychologische Gegebenheiten hilft nicht.* Damit das Akzeptieren des bisher Abgespaltenen möglich wird, braucht der Betreffende die tragende Haltung der Gruppe. Sie gibt ihm den Rückhalt, der nötig ist zur Konfrontation mit sich selbst. Durch das Aufkommenlassen des bisher Verneinten treten neue Inhalte in die bewußte Erfahrungswelt ein: Zunächst erscheinen oft unangenehme Gefühle, z. B. Zustände der Leere, da man sich jetzt nicht mehr mit Aktivität vollstopft, Zweifel am eigenen Wert, weil man sich nun nicht mehr mit Erfolgssüchtigkeit seinen Wert beweist. Ängste stellen sich ein.

Wird all dies jedoch durchgestanden, erlebt und geäußert, so verliert es seine störende Macht. Unterhalb der seelischen Kräfte, die sich störend und belastend auswirken, liegen neue Lebensmöglichkeiten bereit, die nun, nachdem gleichsam der seelische Schutt abgeräumt wurde, Platz erhalten und wie keimende Pflanzen nachschieben. Je mehr die Gruppenmitglieder sie selbst werden, um so mehr bilden sich Selbstvertrauen und Selbstgefühl. Dies ist nun Ausdruck von sich selbst und nicht Resultat davon, daß sie sich mittels Leistung, Erfolg, Ansehen selbst aufbauten. Im ersten Fall ruht der Mensch in sich selbst. Im zweiten Fall ist er abhängig vom Ergebnis seiner Aktivitäten. Das gesunde Bedürfnis nach Leistung, Erfolg, Ansehen wird im letzten Fall mit Selbstbeweisen derartig betrachtet, daß man oft in einen Leistungs-, Erfolgs-, Statuskrampf hineingerät, der sehr oft am Ende das Gegenteil dessen bewirkt, was man erreichen wollte.

In jedem Menschen gibt es eine Fülle seelischer Anlagen, die nur zum Teil erschlossen werden, weil jeder unter Bedingungen aufwächst, die seiner Selbstwerdung nur eingeschränkt zuträglich sind. Gerade die emotional-sozialen Kräfte sind – das ist in einem Zeitalter, welches das Verstandliche und das Machen überbewertete, nicht erstaunlich – oftmals unterentwickelt. Hier befinden sich aber die Grundlagen der Persönlichkeit. Von besonderer Bedeutung ist dies für Leitende. Damit neben dem notwendigen Zuwachs an Effektivität auch ein Zuwachs an Humanität möglich wird, müssen gerade die emotionalen und zwischenmenschlichen Kräfte der Führenden stärker entwickelt werden.

In den Gruppensitzungen wird versucht, die Lebensgeschichte und besonders die Kindheit der Gesprächsteilnehmer noch einmal lebendig werden zu lassen. Während der Kindheit werden ja bekanntlich die Weichen zu richtigen und gestörten Entwicklungen gestellt. Hier entstehen die Blockaden, die manchmal die Weiterreifung ganzer Lebensfelder der Persönlichkeit ausschalten. Besonders bedeutsam sind hierbei die Eltern-Kind-Beziehungen der ersten Lebensjahre. An diese Zeit kann man sich jedoch fast nicht mehr erinnern. Auch die Versuche in der Gruppe, das Gedächtnis für die Kinderzeit wiederzubeleben, sind nicht imstande, viele Erinnerungen aus jenem Lebensabschnitt zu fördern. Dennoch werden aus den Jahren danach manche Einzelheiten wieder lebendig, die man vergessen hatte. Hier treten oft Geschehnisse hervor, die für die Entwicklung wichtig wurden und die unter Umständen bis in die Gegenwart hinein wirken. Hinter ihnen stecken gleichartige Erfahrungen, welche die Entwicklung prägten. Durch das Wiedererinnern kommt Leben in die Entwicklung. Vieles von dem, was bisher unterdrückt wurde, lassen nun die Gesprächsteilnehmer zu und teilen es den anderen mit. Der Druck, der früher von dem Verdrängten ausging, läßt nach. Im wechselseitigen Austausch erhält jeder Anreize, die in der Seele weiterwirken. – An dieser Stelle ist zu bemerken: Das teilnehmende Zuhören der übrigen Gesprächspartner führt diese zu der Frage: „Wie war das bei mir?" Die Gefühlsimpulse, die von einem ausgehen, gehen auf die anderen über. Sie dringen in das Innere ein und bringen etwas in Bewegung: Anstöße zur Nachreifung.

Durch die analytische Gruppenarbeit sollen seelische Anteile, die ins Unbewußte abgeschoben oder von vornherein im Unbewußten festgehalten wurden, in das bewußte Erleben überführt werden. Sofern es sich hierbei um Unangenehmes handelt, ist Leiden unter sich die Folge. An die Stelle von unterdrückten innerseelischen Konflikten, an den Platz von neurotischen Scheinlösungen, die neue Schwierigkeiten nur an anderen Orten hervorrufen, tritt leidvolles Aushalten und Austragen von Spannungen. Die positive Kehrseite hiervon ist: Die Persönlichkeit wird spannungsreicher. Die Spannungspotentiale treiben die Entwicklung des Menschen voran. Das höhere Maß an Spannung verleiht dem Menschen mehr Kraft zum Handeln, Nachdruck beim Reden, Akzent der Persönlichkeit. Leiden und Reifwerden gehören eng zusammen.

Eine Möglichkeit, welche die Integration abgespaltener „Seelenteile" unterstützt, ist die *Traumanalyse*. Die Träume schildern ja in bildhafter Form innerseelische Gegebenheiten: Antriebe, Triebregungen, Bedürfnisse, Wünsche, Affekte, Diskrepanzen, Einstellungen ebenso wie Beziehungsfelder zu anderen Menschen, zu Gruppen, zur Welt, zur Zukunft, zum Leben, zum Tod und manchmal, wie mir scheint, zu Gott. In Träumen melden sich verdrängte Inhalte ebenso wie neue seelische Möglichkeiten. In den Gruppen werden also auch Träume durchgesprochen. Dem Träumenden soll geholfen werden, sich dem zu öffnen, was der Traum darstellt. Er soll das vorher Unbewußte jetzt erfahren und unter Umständen bewußt durchleiden. Traumanalyse ist eine Hilfe, die positiven Möglichkeiten des Unbewußten zu erschließen. Das Geträumte soll in das bewußte Erleben und, sofern dies möglich ist, auch in das bewußte Handeln des Menschen mit hineingenommen werden. Auch dadurch wird die Persönlichkeit lebensvoller. Durch diese Traumarbeit erhält wieder nicht nur der Hilfen, der seine Träume erzählt. Sie bereichert ebenso die anderen Gruppenmitglieder: Träume anderer regen sie selbst an. Sie wirken sich bei dem, der gefühlsmäßig offen ist, auf das eigene Unbewußte aus.

Die Bedeutung, die bei der hier skizzierten Methodik von Gruppenarbeit Begriffen wie Abwehr, Projektion (Übertragung), Analyse von lebensgeschichtlichen Zusammenhängen zugemessen wird, zeigt, daß in dieser analytisch orientierten Gruppenarbeit Elemente enthalten sind, die der Psychoanalyse SIGMUND FREUDS entstammen. Das bedeutet jedoch nicht, daß jene Methode in allem den Positionen FREUDS oder der heutigen Psychoanalyse folgen würde. Im nächsten Kapitel wird umrissen, daß die Haltung des Gruppenleiters und die der anderen Gesprächspartner wesentlich anders beschaffen ist, als das, was FREUD vom Analytiker in psychoanalytischen Therapien fordert, nämlich „freischwebende Aufmerksamkeit", distanzierte rationale Betrachtung, deutende Haltung, Verneinung von emotionaler Beteiligung. In jenen analytisch orientierten Gruppen sind wir bestrebt, auch andere Ansätze, die sich meines Erachtens als richtig und hilfreich erwiesen haben, Raum zu geben, z. B. Grundaussagen von C. G. JUNG. Ich wies schon mehrfach darauf hin, daß JUNG mit Recht im Unbewußten nicht nur den Lagerplatz des Verdrängten und unterschwellig Wahrgenommenen sieht, sondern daß das Unbewußte darüber hinaus Erfahrungen aus der Menschheitsgeschichte enthält, die in den Archetypen gleichsam zu geistigen Instinkten verdichtet wurden. Im Unbewußten gibt es Ordnungen und Wirkzentren, die dem einzelnen bei der Ausgestaltung seiner einmaligen Persönlichkeit behilflich sein wollen. ARISTOTELES kommt mit seinem Begriff der Entelechie diesen Wirkstrukturen ziemlich nahe. Das Unbewußte stellt die Keimschicht und Nährschicht dar, die das Wachstum der Persönlichkeit trägt und speist.

Natürlich ist jeder Mensch auch ein Wesen, das seine Anlagen nur in personalen, zwischenmenschlichen Beziehungen zu entfalten vermag. Zugleich gibt es aber im Menschen leitende und helfende Kräfte, denen wir mehr zutrauen sollten. Auch darum geht es in dem Gruppengeschehen. Hier soll eine größere Offenheit nicht nur zur Welt, zu Mitmenschen, sondern auch zu sich selbst erlangt werden. Mehr Vertrauen soll sich bilden, u. a. Vertrauen auf die ordnenden, lenkenden, wiederherstellenden Kräfte der Seele. Jene inneren Einstellungen zielen wesentlich darauf ab, daß jeder mehr er selbst wird. Daß bei dieser Selbstwerdung im Unterschied zu dem modernen Verständnis von Selbstverwirklichung soziale und Wertbezüge essentielle Strukturelemente sind, sei, um ein mögliches Mißverständnis auszuschließen, noch einmal betont.

In unserem derzeitigen Leben kann sich die innere Führung zu sich selbst hin kaum auswirken. Der moderne rational-technische Mensch fragt mehr nach dem, was er will und weniger danach, was aufgrund seiner Eigenart, seiner individuellen Bestimmung geschehen soll. Sehr viele Probleme bis hin zu Krankheit und vorzeitigem Tod entstehen dadurch, daß wir mehr oder etwas anderes wollen, als wir aufgrund unserer Anlage können. Um so notwendiger ist es, daß Persönlichkeiten, die andere zu führen haben, erst einmal ein Gespür dafür erwerben, was ihre Linie ist, wo sie auf ihrer Spur bleiben, wie konkrete Situationsentscheidungen, etwa bei einem beruflichen Wechsel aussehen müßten, damit sie ihrem Leitstrahl folgen.

Die Gruppengespräche wecken folglich ein Gefühl dafür, daß jeder einzelne er selbst sein soll. Die Fragen sollten hinfort jeden begleiten: „Führen mich bestimmte Lebensschritte mehr von mir weg oder näher zu mir hin? Was ist mein Weg und wer bin ich überhaupt?" Es ist bezeichnend, daß solche Fragen im allgemeinen etwas ratloses Zurückfragen auslösen: „Wie kann ich überhaupt wissen, wer ich bin?" Damit zeigt sich noch einmal, wie gründlich uns das Gespür für uns selbst verloren ging. Theoretisch läßt sich eine solche Frage natürlich nicht beantworten. Und selbst wenn dies möglich wäre, entstünde eine gefährliche Antwort. Denn der machende Mensch unseres Zeitalters würde versuchen, nun sich selbst zu machen, so wie man nach einem vorliegenden Plan ein Haus baut. Persönlichkeit kann man jedoch nicht machen. Jeder muß Persönlichkeit – individuelle Persönlichkeit werden. In der Gruppe kann jeder einzelne lernen, mehr er selbst zu werden, indem er auf der einen Seite offener wird der eigenen Selbststeuerung gegenüber und indem er ein Bewußtsein dafür entwickelt, wer er nicht ist, wo er nicht er selber sein kann. Erhält man hierfür einen Blick, so wird es eher möglich, durch Verneinen des Negativen näher an das Positive heranzukommen.

Es mag sein, daß diese Gedanken manchem Leser fremd erscheinen. Sie mögen mit seinem Leben und mit dem Alltag seiner Berufsaufgabe scheinbar wenig zu tun haben. Deshalb sei daran erinnert, daß bereits in der Antike der Lebensauftrag des Menschen als „Werde, der du bist" bestimmt wurde. Seitdem zog sich diese Auffassung der Bestimmung des Menschen wie ein roter Faden durch zweitausend Jahre abendländischer Geistesgeschichte hindurch. Erst unserer Zeit blieb es vorbehalten, an die Stelle des Werdens das Machen des Menschen aufgrund von Vorstellungen, die er sich selber ausdenkt, treten zu lassen. Wir sollten uns dessen bewußt sein, daß das Bestreben, den Menschen auf Funktionieren, auf einstudierbare Rollen zu reduzieren, auf einen Bruch mit langen humanistischen Traditionen hinausläuft, der zur Entwurzelung von Menschen unserer Zeit beiträgt.

3. Die Gruppe als Raum neuer Erfahrungen

Die Psychoanalyse glaubte lange Zeit, schon das Bewußtmachen der unbewußten Anteile von Störungen – Bedeutungszusammenhänge, Entstehungsweise, Ursachen – würde zu einer Heilung des Gestörten führen. Man glaubte also an die verändernde Kraft von Information und Einsicht. Die Psychoanalyse war über weite Strecken hinweg von dem Glauben an die Macht der Ratio beseelt. Die geistige Strömung, die jene Auffassung nährte, war die Aufklärung. SIGMUND FREUD war – zumindest ursprünglich – ein Aufklärer. In der mühseligen Geschichte seiner therapeutischen Bemühungen mußte er jedoch erfahren, daß es dem Menschen meistens wenig nützt, wenn er nach langen Jahren der Analyse nur mit seinem Kopf besser über sich Bescheid weiß. Das Gesicht des alten FREUD ist von Leiden und Skepsis gezeichnet. In ihm spiegeln sich gewiß nicht nur die Leiden der eigenen Krankheitsgeschichte, die schlimmen politischen Ereignisse, sondern wohl noch mehr die Enttäuschungen seines Glaubens an die Macht der menschlichen Vernunft. FREUD mußte einsehen, daß die Mächte des Irrationalen häufig stärker sind, als die des Rationalen.

Trotz dieser schmerzlichen Einsichten des Altmeisters FREUD, deren Entstehungsgeschichte man in den siebzehn Bänden seiner Gesammelten Werke verfolgen kann, waren die Bemühungen in den letzten dreißig Jahren, den Menschen zu verändern, durch die Überschätzung von Information und Erkenntnis charakterisiert. Das trifft nicht nur auf analytisch-therapeutische Bemühungen um den Menschen zu, sondern noch mehr auf unsere Bildungsbestrebungen jener Zeit. Der aufklärerische Rationalismus beeinflußte in der Neuzeit in Form von Wellenbewegungen Denken und Handeln. Eine Welle der Aufklärung herrschte in der Epoche, in der die Psychoanalyse ihren Anfang nahm. Eine neue Welle der Aufklärung überflutete nach dem Ende des letzten Weltkrieges das öffentliche Bewußtsein. Sie hatte zur Folge, daß nicht nur in der öffentlichen Bildung, sondern auch in der Weiterbildung der Wirtschaft Bildung mit Information, Vermittlung und Einübung in richtige Techniken weitestgehend gleichgesetzt wurde.

In der Zwischenzeit wurde der Glaube an die Macht der Erkenntnis differenziert. Ursprünglich meinte man, allein die Erleuchtung mit der richtigen Information würde automatisch verändertes Verhalten nach sich ziehen. Gerade die Weiterbildungsbemühungen in der Wirtschaft zeigen, wie wenig dies zutrifft. Das Ergebnis der vielen auf Verhaltensänderung abzielenden Informationsveranstaltungen besteht in der Regel darin: Die Teilnehmer gewinnen neue Erkenntnisse. Sie sind von ihnen überzeugt und nehmen sich vor, diese anschließend im Alltag des Betriebes zu praktizieren. In der Regel läßt im Laufe der nächsten Wochen der neue Schwung nach. Nach einiger Zeit sind die meisten in ihr altes Verhalten zurückgefallen. Man bemerkte zwar, daß allein der Wandel des Bewußtseins noch nicht zu einem dauerhaften Wandel des Handelns führt. Es wurde deutlich: Erkenntnis gilt es in Verhalten anzuwenden. In der Regel mangelt es aber an der seelischen Kraft, um dies kontinuierlich zu tun.

An dieser Stelle sitzt eines der Probleme von verhaltensbezogener Weiterbildung: Warum reicht die Motivation zu anderem Verhalten aufgrund neuer Einsichten nicht aus? Offenbar sind alte Einstellungen, Handlungsantriebe, Verhaltensweisen so fest eingefahren oder so stark, daß sie sich nur schwer überwinden lassen. Trainierende Verfahren versuchen hier weiterzuhelfen. Auf ihre Problematik haben wir mehrfach hingewiesen.

Ein anderes, aber ebenfalls recht problematisches Ergebnis der Bestrebungen, den Menschen allein mit rationalen Mitteln ändern zu wollen, zeigen viele Menschen, die eine analytische Behandlung durchliefen: Sie wissen eine Menge über sich und über psychologische Zusammenhänge überhaupt. Sie sind bestrebt, in einem zweiten Schritt den ersten Schritt des neuen psychologischen Wissens in Gestalt von angemessenem Verhalten umzusetzen. Menschen, die so leben, haben ihre Spontaneität gründlich verloren. Früher bestand bei ihnen eine Form von Mittelbarkeit, weil sich Hemmungen zwischen den ursprünglichen Impuls und die Ausführung schoben. Jetzt ist die Mittelbarkeit auf psychologischer Ebene gleichsam institutionalisiert und legalisiert. Häufig befinden sich diejenigen, welche „aus dem analytischen Brunnen getrunken haben", in einer psychologischen Dauerreflektiertheit. Sie können weder bei sich noch bei anderen den psychologischen Kopf abstellen. Ich halte das nicht für ein erstrebenswertes Ziel psychologischer Arbeit am Menschen. Eine wichtige Zielvorstellung von Persönlichkeitsbildung in unseren Gruppen heißt demgegenüber: durch alles Nachdenken über sich und andere Menschen, durch alle psychologische Reflektion hindurch zu einer neuen Unmittelbarkeit, Direktheit, Spontaneität fähig werden.

Welche Bedeutung haben also psychologische Einsichten bei der Veränderung von Mitgliedern jener Selbsterfahrungsgruppen? Natürlich erwerben die Teilnehmer an den Gesprächen viele psychologische Erkenntnisse. Sie betreffen sie selbst und andere Menschen. Das neue Wissen wird ausprobiert, zum Teil aus eigenem Antrieb, zum Teil, weil die Gruppe dazu ermutigt. Bei der Anwendung des Wissens stellen sich mehrere Ergebnisse ein:

1. Einzelne machen die Feststellung, daß sie es nicht schaffen, sich im Sinne der neuen Erkenntnis zu verhalten. Nun wird hinterfragt, was die Verwirklichung der Absicht behinderte. Nach diesem analytischen Schritt kommt wieder die Aufforderung, es aufs neue zu probieren und darüber in der Gruppe zu berichten.

Hier werden demnach analytische und verhaltenspsychologische Schritte miteinander kombiniert. Da dies über zwei Jahre hinweg geschieht, wird es in einem gewissen Umfang möglich, auf diesem Weg ausgehend von neuen Erkenntnissen neues Verhalten anzubahnen. Daß die trainierenden Verfahren in der Weiterbildung oft keine zufriedenstellenden Resultate erzielen, liegt sicher zum Teil daran, daß jener lange Zeitraum, in dem immer wiederholend verändertes Verhalten unter der Anleitung durch andere geübt wird, meistens nicht zur Verfügung steht. Freilich darf nicht übersehen werden, daß das Ziel unserer analytisch orientierten Gruppenarbeit ja nicht nur Verhaltensänderung, sondern in erster Linie Persönlichkeitsbildung darstellt.

2. Häufig bleibt ein antrainiertes Verhalten aufgesetzt: Das Verhalten wird neu – die alte Persönlichkeit bleibt. Ein konkretes Beispiel aus dem Gruppengeschehen: Ein Gruppenmitglied wird sich im Laufe der Aussprachen darüber klar, daß es aus einem Zustand innerer Leere in berufliche Aktivität flüchtet. Er bringt sich selbst in Streß, um eine Spannung zu erzeugen, die ihn hochhält. Im anderen Fall befürchtet er – halb bewußt, halb unbewußt – in sich zusammenzusacken. Vor den Gruppengesprächen sah er die Dinge anders. Er fühlte sich wie so viele Manager von Terminen und anderen Verpflichtun-

gen gejagt. Er bemerkte nicht, daß er sich selbst mit den dichten Terminen und anderem hetzte, um nicht zur Ruhe zu kommen. Jenes Gruppenmitglied wurde sich ferner darüber klar, wie gefährlich jene Hetzjagd ist: Der Streß zehrt die Kräfte auf, die Pausen der Besinnung und der Erholung fehlen, am Ende des Dauerstreß steht oft der vorzeitige Tod. Aufgrund jener Einsichten wurde mit dem Willen eine andere Terminplanung angestrebt. Dabei machte der Betreffende zwar die Erfahrung, daß er auch ohne so viele Termine eine zufriedenstellende Leistung erbrachte. Objektiv gesehen wurde seine Arbeit nicht schlechter, eher besser. Niemand machte ihm einen Vorwurf, daß er weniger „herumwimmelte" als vorher. Der Betreffende erkannte, daß von seiten seiner Umgebung kein zwingender Grund zu seinem hektischen Arbeitsstil bestand. Aber auch die gute Erfahrung, daß ihm aus seinem veränderten Verhalten keine Nachteile erwuchsen, änderte seinen Hang zu exzessivem Schaffen nicht. Das ist leicht zu verstehen, wenn man bedenkt, daß ein bestimmtes Verhalten ja oft ein Symptom von dahinterliegenden Störungen darstellt. Häufig sind bestimmte Verhaltensweisen fast notwendig, um tieferliegende Notzustände der Persönlichkeit zu überdecken. In der Literatur der letzten Jahrzehnte ist das Wort „workaholic" aufgetaucht. Es besagt, daß Arbeit ebenso wie Alkohol als Suchtmittel fungieren kann, um Zustände innerer Leere auszugleichen.

Bei unserem Gruppenmitglied waren Züge einer Arbeitssucht unverkennbar, die man bei vielen Managern findet. Die Verhaltenskorrektur aufgrund der Erkenntnisse, daß er mehr arbeitet als nötig, daß er seine Familie dabei vernachlässigt, daß er sich selbst bei diesem Arbeitsstil kaputt macht, blieb problematisch: Der Betreffende mußte seiner rastlosen Natur, die ihn zur rastlosen Tätigkeit antrieb, ständig entgegentreten. Er mußte sich praktisch zu einem Verhalten zwingen, dessen Vernünftigkeit er zwar einsah, das aber seiner Persönlichkeit nicht entsprach. Einerseits wurde durch einen ruhigeren Arbeitsstil einiges der früheren Streßbelastungen gemindert. Andererseits war neuer Kraftaufwand nötig, um laufend den ursprünglichen Handlungsantrieben gegenzusteuern. Schließlich bestimmte nur ein Teil der Unruhe, die vorher durch rastloses Werken abgeleitet worden war, das Lebensgefühl jenes Mitgliedes der Gruppe. Daß dieses Zwischenergebnis der Gruppengespräche nicht zufriedenstellend und zukunftsträchtig sein konnte, war deutlich. Die Wandlung der Persönlichkeit war – zunächst jedenfalls – ausgeblieben. Dieses ausgeprägte aber nicht seltene Beispiel demonstriert die Grenzen von verhaltensändernden Verfahren, welche die Wandlung der Persönlichkeit, die sich im Verhalten äußert, auspart.

Wäre der Betreffende, von dem hier berichtet wurde, nicht nach einiger Zeit in einen Prozeß der Persönlichkeitswandlung hineingekommen, so wäre mit Sicherheit ein vollständiger Rückfall in alte Verhaltensweisen eingetreten. Wie gesagt, hier wird ein Beispiel erzählt, das stellvertretend für sehr viele Versuche von Verhaltensänderung ohne Änderung der Persönlichkeit steht, Versuche, die folgerichtig scheitern müssen.

3. Dennoch hat bewußte Verhaltenssteuerung aufgrund neuer psychologischer Kenntnisse in gewissem Ausmaß seinen Sinn. Obgleich unsere Gruppengespräche Persönlichkeitsbildung anstreben, wird dieses Ziel nur teilweise erreicht. An den Stellen, an denen Wandlung der Persönlichkeit unmöglich ist, kann es trotzdem bisweilen viel einbringen, wenn Verhaltensänderung infolge neuer Erkenntnisse gelingt. Das ist der Fall, wenn Fehlverhalten schwerwiegende Folgen für den Betreffenden selbst und für seine Umgebung hat. Voraussetzung ist hierzu, daß die Antriebe zu früherem Verhalten nicht zu mächtig sind. In diesem Falle steht folglich der Kraftaufwand, der

zur Gegensteuerung getrieben werden muß, in einem sinnvollen Verhältnis zum Resultat.

Nehmen wir wieder ein Beispiel aus einer unserer Gruppen. Bei einem extrovertierten und auf Expansion eingestellten Mitglied bestand die Tendenz, zu rasch voranzuschreiten. Manchmal ließ er sich von Impulsen zu spontan hinreißen. Er mußte lernen, mehr mit abwägender kritischer Vernunft zu arbeiten. Jene Neigung entspricht zum Teil seinem Naturell. Zum Teil erwächst sie aus Fehlentwicklungen seiner Persönlichkeit. In gewissem Umfang war es der Gruppenarbeit möglich, den Mangel an Ichstärke, der sich in der Flucht nach vorne äußert, auszugleichen. Bestimmte Schwächen des Betreffenden blieben bestehen. Hier ist es nun die Aufgabe desjenigen, der seine Schwachstellen und typischen Reaktionsweisen besser kennt, sich selbst bewußt zu zügeln. Er achtet nun bewußt darauf, daß er sich besonders in Situationen, in denen es normalerweise „mit ihm durchgeht", zurückhält und zu vorsichtigem Abwägen anhält. Hier stehen der seelische Aufwand der bewußten Selbstregulation aufgrund neuer Erkenntnisse und das Ergebnis in einem sinnvollen Verhältnis.

4. Umsetzen neuer psychologischer Einsichten in anderes Verhalten kann aber auch zur Persönlichkeitsbildung hinführen. Erneut ein Beispiel aus dem Gruppengeschehen. Es beleuchtet einen Wirkzusammenhang, der in unserer Gruppenarbeit eine wichtige Rolle spielte: In den Rundgesprächen kam bei einem Teilnehmer zum Vorschein, daß er innerlich unsicher ist und diese Unsicherheit zudeckt. Er meinte, den Selbstsicheren markieren zu müssen. Im anderen Fall befürchtete er geschäftliche Nachteile. Der Gruppenleiter machte ihm Mut, doch einmal das Wagnis einzugehen und weniger zu überspielen. In der nächsten Sitzung berichtete der Betreffende davon, daß er vor diesem Schritt zwar eine ziemliche Angst ge-

habt hatte, daß es aber besser gegangen war, als er befürchtet hatte. Von den Geschäftspartnern sei in dieser Situation nichts Nachteiliges zu spüren gewesen. Jener Bericht brachte andere Gruppenmitglieder zu einem ähnlichen Eingeständnis. Die konkreten Situationen wurden besprochen, in denen Unsicherheit hochkommt und wie das Übertönen praktisch aussieht. Auch diese Gruppenteilnehmer beschlossen, bei der nächsten sich bietenden Gelegenheit mehr sie selbst zu sein und es darauf ankommen zu lassen, ob die anderen die eigenen Schwächen bemerkten, wie sie darauf reagieren würden, und ob sie dann in deren Achtung sinken würden. Auch sie berichteten in der anschließenden Sitzung von der Erfahrung, daß es keine Probleme gegeben hatte. Hier wurden ebenfalls zunächst neue Einsichten gewonnen.

Hinter jener knappen Schilderung steht freilich ein mehrschichtiger psychologischer Vorgang, der über die Ebene des Rationalen hinausreicht: Häufig machen wir uns ja selbst etwas vor. Wir gestehen uns z. B. in der Regel das Ausmaß von innerer Unsicherheit nicht ein. Wird sich selbst und anderen gegenüber ein solches Eingeständnis gewagt, so wächst die innere Stärke schon ein wenig. Bei einem solchen Schritt sammelt man des weiteren eine wichtige Erfahrung, nämlich daß wir oft nicht in der Wertschätzung anderer Menschen sinken, wenn wir Unsicherheiten preisgeben. Aus dieser Erfahrung, daß wir bejaht werden, auch wenn wir uns von einer Seite zeigen, die nicht wertvoll ist, wächst uns ein Stück Wertschätzung, höhere Selbstachtung und größere Selbstsicherheit zu.

Es geschieht somit bereits Wesentliches, bevor Gruppenmitglieder vor Ort wagen, einiges ihrer Fassade aufzugeben und etwas von ihrer Unsicherheit sichtbar werden zu lassen. Gehen sie dieses Risiko ein, so machen sie zumeist die nächste Erfahrung. Sie stellen nämlich fest, daß sie nicht nur von den Kollegen in der Gruppe wegen ihrer Unsicherheit nicht abgelehnt werden, sondern daß ihnen auch „draußen" aus dem Zugeständnis einer Schwäche keine Nachteile erwachsen. Hierbei wird die wichtige Entdeckung gemacht, daß die eigene Angst, in der Wertschätzung anderer zu sinken, weit über das hinausgeht, was objektiv passiert, wenn man wirklich einmal Schwächen einräumt. Dies ermutigt dazu, sich weniger durch Ängste vor vermeintlichen Reaktionen der Umgebung abschrecken zu lassen. Man bekommt Mut, mehr als man selbst zu leben. Das Leben wird einfacher, weil man in der vermeintlich bedrohlichen Situation nicht mehr so viel Kraft verbraucht. Die Beziehung zur Umgebung wird unkomplizierter und damit unmittelbarer. Die direktere Kommunikation wirkt aber positiv auf die Reifung der Persönlichkeit zurück.

Verhaltensänderung aufgrund neuer Erkenntnisse kann folglich positive Erfahrungen einbringen und aus solchen Erfahrungen ergibt sich Reifung der Persönlichkeit. Mit dem Stichwort *neue Erfahrung* haben wir nun angegeben, was m. E. am meisten zur Persönlichkeitsbildung beiträgt. In unseren Selbsterfahrungsgruppen bemühen wir uns darum, durch Vermitteln neuer Erfahrungen persönlichkeitsbildend zu wirken. Wie müssen Erfahrungen beschaffen sein, damit von ihnen jene Wirkung ausgeht?

Erfahrungen, die Bildung von Persönlichkeit in Selbsterfahrungsgruppen anregen, hängen zunächst mit der Persönlichkeit dessen zusammen, durch den man Erfahrungen erhält. Lange Zeit fiel es schwer zu verstehen, warum bestimmte Vertreter psychologischer Richtungen trotz unterschiedlicher Theorien Heilungserfolge erzielten. In der Zwischenzeit wird deutlich, daß nicht bereits die Wahrheit einer psychologischen Theorie darüber entscheidet, ob aus ihr Hilfe für andere Menschen erwächst. Entscheidend ist vielmehr die Persönlichkeit dessen, der ausgehend von seinen psychologischen Systemen am Menschen arbeitet. Diese Aussage bedeutet nicht, daß in den Bemühungen, Menschen zu helfen, die vorausgesetzten Theorien keine Rolle spielen. Sie können durchaus mehr oder weniger zutreffend und deshalb an sich mehr oder weniger wirkungsvoll sein. Über ihre faktische Wirkung entscheidet freilich die Persönlichkeit dessen, von dem Hilfe ausgeht, seine verbindliche Beziehung zum Mitmenschen, seine Fähigkeit, im Partner Vertrauen zu erwecken.

Diese Ausführungen gelten auch für unsere Gruppenarbeit. Das bedeutet, daß primär der Leiter persönlichkeitsbildender Gruppen eine Persönlichkeit sein muß. An dieser Stelle gilt es eine Forderung von CARL ROGERS einzuführen, von dessen Gedanken ebenfalls einiges in unsere Konzeption eingeflossen ist: Die Gestalt und das Handeln eines Therapeuten müssen „echt" sein. Unsere Selbsterfahrungsgruppen sind zwar keine Therapiegruppen; dennoch zielen sie auf persönliches Wachstum ab. Aus diesem Grunde trifft jene Sollbestimmung von ROGERS auch auf Leiter solcher Gruppen zu. Echtheit meint: Der Leiter darf keine Rollen spielen. Sein Verhalten in der Gruppe muß mehr sein als eine von seiner Persönlichkeit ablösbare Funktion. Sein Verhalten sollte Ausdruck seiner Persönlichkeit sein. Seine Bejahung der Gesprächsteilnehmer muß von Herzen kommen. Der Gruppenleiter sollte über eine gewisse Reife verfügen. Dennoch ist er weder ein Weiser noch ein Heiliger. Soll sich in seinen Äußerungen seine Persönlichkeit spiegeln, so hat dies zur Folge, daß bisweilen bei ihm auch Enttäuschung, Unmut, Ärger ebenso wie überzogene Reaktionen zum Vorschein kommen. Verlangt der Leiter von sich, immer nur ein guter, verständnisvoller Supervater zu sein, so überfordert er sich. Oder er beginnt etwas zu spielen, was er nicht ist. Für die Partner in der Gruppe ist es nicht entscheidend, ob sie ständig nur positive Äußerungen von seiten des Gruppenleiters erfahren. Sie sind imstande, auch gelegentlich Negativaffekte hinzunehmen, wenn diese von seiten des Leiters eingebettet sind in eine verbindliche, grundsätzlich bejahende Beziehung zu ihnen. Voraussetzung hierfür ist freilich ebenso, daß ihre Belastbarkeit für ein solches Verfahren, das ja nicht mit einer analytischen Behandlung gleichgesetzt werden darf, ausreicht.

Von der „Echtheit" des Gruppenleiters gehen somit zunächst die positiven Erfahrungen aus, die weiterhelfen. Eine wichtige Erfahrung ist es bereits, zu wissen, woran man ist. Diese gefühlsmäßige Sicherheit erhält jeder, wenn er merkt, daß der Gruppenleiter keine Rollen vollzieht, sondern daß er so ist, wie er sich gibt. In einer solchen Gruppe sollten die Teilnehmer aber nicht nur mit dem Gruppenleiter gute Erfahrungen machen. Sie sollen sich wechselseitig zu guten Erfahrungen verhelfen. Das bedeutet, daß auch sie „echt" werden müssen. Auf der einen Seite ist Echtheit ein Kennzeichen von Persönlichkeit und somit ein Bildungsziel der Gruppenarbeit. Auf der anderen Seite ist aber jeder imstande, mehr oder weniger echt zu sein. Im allgemeinen geben wir uns so, daß wir gut ankommen und weniger so, wie wir tatsächlich sind. Zum Teil sind solche Rollen dem Menschen schon derart in Fleisch und Blut übergegangen, daß er nicht mehr bemerkt, wenn er eine Rolle spielt.

Zum Teil besitzen wir doch die Alternative, uns so zu verhalten, wie es unserem Empfinden nach die anderen erwarten oder uns so zu geben, wie es uns entspricht. Die Teilnehmer an solchen Gruppen bemühen sich darum, echt zu sein und echter zu werden. Im Schutzraum der Gruppe sind die Möglichkeiten hierzu größer als auf der freien Wildbahn. Auf diese Weise geben sie auch anderen die Sicherheit, zu wissen, woran sie sind. So kann Vertrauen zu Partnern wachsen. Zutrauen zu Menschen, die sich weitgehend verstellen, ist nicht möglich. Im Bemühen um ein höheres Maß von Echtheit legt man einige Masken ab, die das eigene Gesicht verhüllten. Durch Echtheit des einzelnen entsteht eine echte Verbindung zwischen den Gesprächspartnern. Mittels dieser Kommunikation wird der Austausch von Reifungsanregungen und Reifungsherausforderungen möglich, auf den Persönlichkeitsbildung angewiesen ist.

Wie der Name schon besagt, geht es in Selbsterfahrungsgruppen nicht um das Sammeln psychologischer Kenntnisse über sich, sondern um Erfahrungen mit sich selbst. Im Unterschied zu Erkenntnissen beinhalten Erfahrungen gefühlsmäßige Betroffenheit. In dieser Weise sollen die Gruppenteilnehmer mehr erfahren, wer sie sind und dadurch mehr die werden, die sie sind.

Selbsterfahrung führt zur Selbstwerdung. Auf dem Wege der Selbsterfahrung ist Echtheit nicht nur im Hinblick auf andere, sondern ebenso im Hinblick auf sich selbst erforderlich. Das setzt voraus, daß jeder einen Blick dafür entwickelt, an welchen Stellen und auf welche Weise er unecht ist. Selbsterfahrung bedeutet, daß jeder sich selbst ehrlicher wahrnimmt. Noch stärker als bei der Fremdwahrnehmung ist der Blick bei der Selbstwahrnehmung getrübt. In jedem Menschen steckt ein Bild, wie er sein sollte und sein möchte. In diesem Bild leben die Sollvorstellungen, die wir besonders in der Kindheit aus unserer Umgebung übernommen haben (siehe das Über-Ich FREUDS) ebenso wie die Idealvorstellungen (das Ideal-Ich FREUDS). Je stärker unser faktischer Zustand vom inneren Sollen und Wollen abweicht, um so weniger sind wir imstande, diese Diskrepanz wahrzunehmen. Oder wir stellen sie mit dem Kopf fest und dieses Kopfwissen berührt uns nicht. Es läßt uns kalt. Auch hier fehlt also die emotionale Betroffenheit wirklicher Selbsterfahrung. Jene Gegebenheiten sind auch deshalb so schwer anzugehen, weil sie teilweise unbewußt ablaufen. Die Instanzen, an denen man gemessen wird, gehören zum erheblichen Teil dem Unbewußten an.

Der Soll-Ist-Vergleich geschieht weitgehend unbewußt. Und ebenso wird es uns oft nicht genügend bewußt, wie wir am

Ende des Soll-Ist-Vergleiches uns in die eigene Tasche lügen. Schon die Bibel macht darauf aufmerksam, daß wir den Splitter im Auge des Bruders bemerken, den Balken im eigenen Auge hingegen nicht. An dieser Stelle setzt die Hilfe der Gruppe zur Selbsterfahrung ein. Die Aufgabe jedes Gruppenmitgliedes ist es, dem anderen einen kritischen Spiegel vorzuhalten. Auch dieser Spiegel weist natürlich Verzerrungen auf, die der Subjektivität des Spiegelnden nämlich. Dennoch muß das Spiegelbild, das man durch den Partner empfängt, ernstgenommen werden. Jeder sollte sich fragen: „Wieviel Wahrheit über mich enthält dieses Bild?", „Was von den Eindrücken, die andere von mir haben, ist mein Anteil und was ist ihr Anteil?" Besonders wenn mehrere in der Gruppe ähnliche Eindrücke haben, wird es wahrscheinlicher, daß sich einer falsch sieht und daß die Gruppe Richtiges bemerkt.

Auf diese Weise sowie durch die analytische Hilfe, die besonders von dem Leiter der Gruppe ausgeht, kommt es zur Konfrontation mit sich selbst. Die vorher unterdrückten Abweichungen von den inneren Meßinstanzen beginnt man sich nun einzugestehen. Der Konflikt zwischen Sein und Seinsollen wird offener ausgetragen. Ein schmerzlicher Prozeß der Auseinandersetzung mit sich selbst fängt an.

Damit dies möglich wird, ist die annehmende Haltung der Gruppe unabdingbar. Jeder kann sich nur in dem Ausmaß von schmerzlichen Erfahrungen durch sich selbst betreffen lassen, in dem er das Gefühl besitzt, gerade hierin angenommen zu sein. Meistens werden ja Seiten in einem unterdrückt, von denen wir meinen, sie seien nicht liebenswert. Empfindet man sich als geliebt, auch wenn sich liebensunwerte Seiten zeigen, so kann man diese zur bewußten Selbsterfahrung zulassen. Annahme durch andere Menschen ermöglicht Selbstannahme des vorher Abgelehnten und damit Selbsterfahrung sowie Selbstwerdung.

Die Gruppe muß also eine doppelte Einstellung zueinander entwickeln: *kritischen Umgang miteinander bei solidarischer Akzeptanz.* In der Kritik darf man sich gegenseitig nichts schenken. Es wäre nicht hilfreich, wenn die Gruppe aus mißverstandener Akzeptanz, aus weichlichem Mitgefühl es unterließe, Dinge zur Sprache zu bringen, die dem Betreffenden unangenehm sind. Da bei jedem die Neigung besteht, vor solchen Wirklichkeiten auszuweichen, ist die Gruppe bisweilen gezwungen, recht unerbittlich miteinander umzugehen. Zugleich muß jeder das Gefühl haben, daß er, auch wenn bestimmte Züge seines Verhaltens oder bestimmte Seiten seines Wesens kritisiert werden, als Mensch angenommen ist. Natürlich rufen manche Äußerungen des einen im anderen zunächst ablehnende Affekte hervor. Sie müssen ausgetragen werden. Am Ende sollte stehen, daß der Partner akzeptiert wird, auch wenn man vielleicht nach wie vor manches bei ihm nicht gutheißen kann.

Diese Haltung der kritischen Akzeptanz ist übrigens nicht nur die Basis im Gruppengeschehen, damit neue, persönlichkeitsbildende Erfahrungen gemacht werden können. Auch außerhalb solcher Gruppen ist es gerade bei Führungskräften wichtig, eine solche Haltung zu besitzen. Im Privatleben und im Beruf stören einen ständig andere Menschen – wenn man sie ernst nimmt und wenn man sie gefühlsmäßig an sich heranläßt. Manchmal gehen uns andere ausgesprochen auf die Nerven. Das bedeutet für Führungskräfte: Je mehr Menschen sie zu führen haben, um so mehr müssen sie imstande sein, jene Haltung der kritischen Akzeptanz durchzustehen. In der Einstellung kritischer Akzeptanz sollten Führungskräfte ihre Mitarbeiter ansprechen. Sie sollten deutlich sagen, was sie am Mitarbeiter stört, ohne daß dieser hierbei von ihnen abgelehnt wird. Reicht die Kraft zur kritischen Akzeptanz nicht aus, so erlahmen Führungskräfte schon nach wenigen Versuchen, die Gegebenheiten bei Mitarbeitern zu ändern. Die Einstellung kommt auf: „Bei dem ist nichts zu machen." Weil wir uns zu wenig in kritischer Akzeptanz üben und im Alltag darin bewähren, ändert sich zu wenig bei den Menschen, für die wir Verantwortung tragen.

Fremdannahme führt zur *Selbstannahme.* Damit kommt ein Prozeß der Selbsterfahrung in Gang, der Stufe um Stufe tiefer geht. Zuerst sieht jeder im kritischen Spiegel der Gruppe Seiten seines Verhaltens und seiner Wirkung auf andere, die er früher nicht wahrhaben wollte. Er wird fähig zu dem Eingeständnis: „Ja, so bin ich." Das leitet über zu der Erfahrung unterdrückter Teile seiner Persönlichkeit, die bisher nicht im Verhalten herauskommen und die dem Betreffenden oft nicht bewußt sind. Schmerzliche Erfahrungen aus der Kindheit, die nicht verarbeitet wurden, werden wieder lebendig. Der Betreffende meinte, diese Verletzungen hätte er längst hinter sich gelassen. Dennoch wirken sie fort. Sie beeinflussen das Befinden und Lebensgefühl noch in der Gegenwart.

Beispielsweise haben die meisten Menschen, die aus einer sozial unteren Schicht aufsteigen, die Vergangenheit nicht genügend verdaut. In ihrer Kindheit war ja Zugehörigkeit etwa zur Arbeiterklasse in der Regel mit Erniedrigungen und Demütigungen durch die „besseren Leute" verbunden. Schon das Wort „bessere Leute" zeigt, wie tief die Abwertung des sozial schlechter Gestellten ging. Aufsteiger haben oft soziale Minderwertigkeitsgefühle, die meistens auf verschiedene Weise kompensiert werden. Sie sind ihnen folglich oftmals nicht recht bewußt. Im Gruppengespräch wird es nötig und möglich, sich noch einmal den Erniedrigungen und Verletzungen der Kindheit zu stellen. Als Kind ist man meistens nicht stark genug, um schwere Belastungen bewußt zu durchleiden und zu verarbeiten. Aus Selbstschutz schiebt man sie zur Seite. Damit sind jene Verwundungen zwar verkapselt aber nicht verheilt. Sie wirken als unbewußte Störherde weiter. In der Gruppe kann das Schwere aus der Kindheit noch einmal durchlebt und anderen, die zum Teil aus anderen Schichten kommen, mitgeteilt werden. Jetzt kann sich der einzelne manchen Schmerzen überlassen und dies den Partnern in der Gruppe mitteilen. Alte, unterdrückte Affekte und Aggressionen brechen auf. Jetzt wird die Erfahrung gemacht, daß man nicht abgewertet, sondern trotz manchmal übersteigerter Emotionen akzeptiert wird.

Die Gruppe gibt durch ihre annehmende, gefühlsmäßig anteilnehmende Haltung Geborgenheit. Diese ist nötig, um sich vielem auszusetzen, was jeder einzelne auch in seiner späteren Lebensgeschichte wegschieben mußte, da er zu schwach und zu allein war, um es leidend durchzustehen. Oft waren die Eltern nicht die Partner, denen man sich offenbaren konnte. Häufig war man auch später zu allein oder zu scheu, um in sein Inneres hineinblicken zu lassen. In den Gruppengesprächen faßt man Mut, das herauszulassen, was belastet. Man erlebt, wie man angenommen wird. Daß dies befreit und Verbindung zu anderen Menschen herstellt, ist leicht zu verstehen.

Durch die Öffnung sich selbst gegenüber infolge der Akzeptanz durch die Gruppe kommen dann auch Wesenszüge zum Vorschein, wegen derer der einzelne früher zurückgewiesen wurde. Eltern haben ja bestimmte Bilder von ihren Kindern. Bei ihnen bestehen Erwartungen, wie die Kinder sein sollen. Wenn sie anders sind, sind die Eltern nur zu oft enttäuscht und unzufrieden. Sie wenden sich dann meistens innerlich und oft äußerlich von ihren Kindern ab. Aus Angst vor dem Liebesverlust schlüpfen die Kinder in das Bild hinein, das Eltern von ihnen haben. Sie passen sich den Erwartungen an, auch wenn sie sich aufgrund ihrer Natur anders verhalten müßten. Auf diese Weise geht vieles von der Wesensart eines Menschen verloren. All dies kommt in der offenen, annehmenden Atmosphäre der Gruppe allmählich wieder heraus. Hier kann es sich der einzelne leisten, z.B. tapsig, unbeholfen, ungelenk zu sein, ohne daß

Menschen, die ihm wichtig sind, von ihm abrücken. In der Gruppe hat jeder die Gelegenheit, seine eigene Sprache wiederzufinden. Eltern und Schule haben oft eine Kunstsprache erzeugt, bei der Unmittelbarkeit, Direktheit, Ausdruckskraft verlorengingen. In der Gruppe kann sich jeder darin üben, ins Unreine zu reden, holprig zu sprechen, in seiner Spontaneität zu überziehen, ohne daß die Bezugspersonen die Stirne runzeln, den Zeigefinger heben, ohne daß eine Schulklasse anfängt einen auszulachen. Die Gruppe versucht jeden zu akzeptieren, so wie er spricht.

Natürlich gibt es öfters Spannungen und Zusammenstöße. Solche Selbsterfahrungsgruppen bestehen ja aus Menschen, die mehr Persönlichkeit werden möchten und nicht aus „fertigen Menschen". Jeder von ihnen ist auf seine Weise vorläufig, in seiner Persönlichkeitswerdung gebrochen. Ein jeder besitzt seine empfindlichen Stellen, bestimmte „seelische Allergien". Manchmal trifft die unbewältigte Vergangenheit des einen genau auf Punkte aus der Vergangenheit des anderen. Affekte erzeugen Gegenaffekte; Projektionen werden mit Gegenprojektionen beantwortet. Bisweilen brodelt es im Kessel der Gruppe ziemlich stark; der Binnendruck in der Gruppe nimmt spürbar zu. Die Sache des Leiters ist es, in diesen heißen Situationen dafür zu sorgen, daß es zu keiner Explosion kommt, an denen einer oder einige Schaden nehmen. In der Regel verkörpern aber jeweils einige in der Gruppe das tragende Element, wenn andere affektiv und aggressiv aufeinander los gehen. Dadurch wird versachlicht, ein Gespräch kommt über das zustande, was eben gelaufen ist. Wie wichtig es ist, daß gerade Führende Affekttoleranz besitzen, um im Alltag die Wogen zu glätten und Verständigung einzuleiten, brauche ich gewiß nicht zu erläutern.

All dies sind Möglichkeiten neuer Erfahrung in analytisch orientierten Selbsterfahrungsgruppen. Werden sie genutzt, so geschieht Integration und Reifung von bisher unterdrückten Persönlichkeitsteilen: Die Persönlichkeit bildet sich. Dennoch ist es manchmal recht mühsam, solche Chancen wahrzunehmen. Das ist der Fall, obwohl jeder, der in eine derartige Gruppe eintritt, grundsätzlich bereit ist, sich für andere und für sich selbst zu öffnen. Sich öffnen ist jedoch unvertraut. Wir sind es gewöhnt, in der Deckung zu bleiben. In jedem von uns stecken Ängste, sich in die Karten schauen zu lassen, spontan zu werden und in einen seelischen Veränderungsprozeß hineinzugeraten, von dem man nicht so recht weiß, wohin er führt. Wir möchten in unserem Leben alles selbst in der Hand behalten. Wir wollen selbst bestimmen, wohin die Reise geht. Uns öffnen für lenkende Kräfte, die uns anfangs noch nicht einmal bewußt sind, fällt sehr schwer. Der homo technicus hat vieles an Fähigkeit zur Hingabe, an Vertrauen auf nicht Greifbares verloren. Man kann sagen: Um so nötiger ist Persönlichkeitsbildung, denn zum Leben gehört neben Handeln, wo es am Platze ist, auch Lassen, wo die Grenzen des Handelns erreicht sind. Lernen wir nicht, da vertrauend zu lassen, wo wir nichts machen können, so verlieren wir die Gelassenheit und geraten in Krampf und Selbstzerstörung.

Weil uns aber jene Grundeinstellungen schwer fallen, ist Persönlichkeitsbildung in solchen Selbsterfahrungsgruppen trotz gutem Willen der Teilnehmer kein einfacher Weg. Widerstände treten auf, die der Psychoanalyse geläufig sind. Man kann ihre Ursachen herausarbeiten. Man kann versuchen, ein Klima zu schaffen, das dazu einlädt, aus sich herauszugehen. Wie sich in manchen Gruppensitzungen zeigt, reicht das nicht aus. Für den Arzt, der einem seelisch Kranken zur Wandlung seiner Persönlichkeit mittels analytischen Verfahren helfen will, ist der wichtigste Bundesgenosse das Leiden des Betreffenden an seinen Störungen. Bei den relativ unneurotischen Teilnehmern von Selbsterfahrungsgruppen, die Persönlichkeitsbildung anstreben, existiert der Leidensdruck aus Krankheit nicht. Menschen, die keine fühlbaren Schwierigkeiten mit sich haben, die sich selbst noch nicht fraglich geworden sind, die angepaßt und erfolgreich ihren Weg der Karriere ziehen, verfügen in der Regel nicht über die Schubkraft eines gewissen Leidensdrucks, der ihnen beim offenen Reden und der Auseinandersetzung mit sich selbst hilft.

Vor neuen Erfahrungen steht in Selbsterfahrungsgruppen im allgemeinen einiges an unbewußter oder uneingestandener Angst. Daß Neues, Unbekanntes, Fremdes nicht nur anzieht, sondern auch Unbehagen, Widerstreben, Sperren hervorruft, ist verständlich. In unseren Gruppen hüllten sich streckenweise einige in Schweigen, der eine mehr, der andere weniger, der eine länger, der andere kürzer. Das Schweigen war andererseits bisweilen nötig, weil der eine oder der andere Zeit braucht, um aufzutauen. Auch Ausweichen in intellektuelle Unverbindlichkeit, Rückzug in Sachdiskussionen gab es immer wieder. Es wurde der Versuch gemacht, sich mit Sachen zu beschäftigen, um nicht von sich selbst und von Beziehungen zu anderen zu sprechen. Wenn von Problemen die Rede war, die einer mit einem nicht anwesenden Dritten hatte, bestand des öfteren die Tendenz, mehr von ihm als von sich selbst zu reden.

All dies sind Versuche, von sich abzulenken. Es ist also viel Mühe erforderlich, um durch diese Widerstände hindurch neue weiterführende Erfahrungen anzubahnen. Jedes der Gruppenmitglieder, die anschließend über ihre Erfahrungen mit der Gruppenarbeit berichten werden, sollte sich im kritischen Rückblick die Frage vorlegen, inwieweit er seine Freiheit wahrnahm, um aus seiner Bedeckung herauszutreten, um Schwächen sehen zu lassen, um gelegentlich Unsinn zu reden und um auf andere Weise initiativ zu werden. Auch Führungskräfte lassen, besonders bei unangenehmen Dingen, gerne jeweils dem anderen den Vortritt. Das ist menschlich und dennoch müssen gerade Führende lernen, die ersten Schritte zu machen, damit andere nachkommen können. In unserer Zeit ist es ziemlich verbreitet, einmal abzuwarten, ob andere beginnen, anstatt selbst den Anfang zu machen. Gerade Führungskräfte müssen diese moderne Haltung durchbrechen. Wieviel von dieser Initiative in den Gruppengesprächen ergriffen wurde, was gelernt, geübt, hinterfragt, erfahren wurde, was dabei an persönlichem Zuwachs herauskam, wird aus den Erfahrungsberichten der Gruppenmitglieder deutlicher werden.

V. Voraussetzungen der Gruppenarbeit

Bei der Auswahl von Interessenten an unserer Gruppenarbeit überprüften wir das Vorhandensein einiger Voraussetzungen. Es sind dies u. a. Aufgeschlossenheit, Wandlungsfähigkeit und eine innere Verpflichtung, an einer menschlicheren Gestaltung unserer Arbeitswelt mitzuwirken. Das Kriterium der Aufgeschlossenheit sollte die Frage anregen, ob der Interessierte wohl die Offenheit hat, sich den Gruppenprozessen auszusetzen. Mit dem Stichwort Wandlungsfähigkeit wollten wir ins Bewußtsein rücken, daß zur Wandlung, zur persönlichen Reifung nicht allein Bereitschaft, sondern auch die Fähigkeit hierzu gehört. Der interessierte Leser sollte sich möglichst fragen: „Bin ich fähig zu der hier angestrebten Wandlung?" Mittels jener beiden Kriterien wollen wir die Interessierten von einer Teilnahme an der Gruppenarbeit abhalten, die schon zu sehr festgelegt sind, sich in festgefahrenen Gleisen bewegen, die vielleicht auch aufgrund des Alters nicht mehr die Entwicklungsfähigkeit besitzen, welche Wandlung von Persönlichkeit verlangt.

Leider zeigt die psychologische Erfahrung, daß tiefergehender Wandel der Persönlichkeit oftmals schon bei Menschen, die sich den 50 annähern, nicht mehr möglich ist. Teilveränderungen der Persönlichkeit, positive Veränderungen im Bereich des Verhaltens kann man glücklicherweise manchmal bis in das Alter hinein beobachten. Das ist, da mit Altern eine gewisse Verfestigung der Persönlichkeit, bis hin zur Erstarrung einhergeht, keine Selbstverständlichkeit, sondern ein hoher Wert. Zum Glück sind auch die biologischen Alterungsprozesse in einem gewissen Umfang von seelisch-geistigen Faktoren abhängig. Wer sich seelisch-geistig in Bewegung, im Umbruch hält, kann sich seine Wandlungsfähigkeit lange bewahren. Dennoch gibt es durch das

Altwerden gesetzte Grenzen. Sie sind zwar individuell gezogen, aber dennoch darf die Regelhaftigkeit von Alterungsprozessen nicht übersehen werden. Also muß man in einer analytisch orientierten Gruppenarbeit sorgfältig darauf achten, ob nicht bereits aus Altersgründen nur ein relativ kleiner Wandlungsspielraum zur Verfügung steht. Es wäre leichtfertig oder gar fahrlässig, wenn man Menschen mit psychologischen Methoden durcheinanderbringen würde, ohne mit erheblicher Wahrscheinlichkeit davon ausgehen zu können, daß anschließend das Ganze in besserer Weise als vorher wieder neu zusammen- und weiterwächst.

Die Formulierung: Verpflichtungsgefühl, an einer menschlicheren Gestaltung unserer Arbeitswelt mitzuwirken, soll den Interessierten ins Bewußtsein rufen, was das besondere Anliegen jener Persönlichkeitsbildung darstellt: Hinwendung zu Mitmenschen, Stärkung der sozialen Fähigkeiten bei Führenden, Verbesserung von zwischenmenschlichen Beziehungen am Arbeitsplatz, Erhöhung nicht allein der Effektivität, sondern in gleicher Weise der Humanität in der Arbeitswelt. Diese Zielvorgabe ist wichtig, denn jede psychologische Beschäftigung mit Menschen beinhaltet die Gefahr, daß sich jeder mehr um seine Persönlichkeit – oder manchmal auch am Ende egoistisch um sich selber – kümmert und daß andere Menschen ebenso wie das Gemeinwesen dabei in den Hintergrund treten. Dieser psychologischen Selbstgenügsamkeit sollte von Anfang an entgegengetreten werden.

Des weiteren ist es notwendig, Personen „herauszufiltern", die eine manifeste Neurose oder eine neurotische Persönlichkeitsstruktur aufweisen. Es ist sehr wichtig, daß ausgesprochen neurotische Menschen nicht in eine Gruppenarbeit hineinkommen, die jene Ziele mit der beschriebenen Vorgehensweise anstrebt. Unter der Einwirkung analytischer Verfahren bricht das untergründig Neurotische nämlich auf und drängt den Verlauf der Gruppenarbeit in eine psychotherapeutische Richtung. Ein neurotischer Mensch muß somit infolge seiner seelischen Gegebenheiten versuchen, eine persönlichkeitsbildende Gruppe in eine Therapiegruppe umzufunktionieren. Das schafft Verwirrung und Belastung. Es kann dazu führen, daß solche Gruppen auseinanderfallen und daß keine Persönlichkeitsbildung zustande kommt.

Eine weitere Voraussetzung analytisch orientierter Selbsterfahrungsgruppen läßt sich mit den Stichworten „seelische Kräfteverhältnisse – Belastbarkeit – Affekttoleranz" umschreiben. Auf der einen Seite ist Steigerung von Belastbarkeit sowie Affekt- und Frustrationstoleranz eines der Bildungsziele jener Gruppenarbeit. Auf der anderen Seite muß manches hiervon vorhanden sein, damit in jener Weise gearbeitet werden kann. Nicht jeder ist dem offenen Aussprechen von Schwächen und Austragen von Konflikten gewachsen. Viele helfen sich – manchmal nach außen mit zufriedenstellendem Erfolg – indem sie menschliche und zwischenmenschliche Schwierigkeiten unter den Teppich kehren.

Nicht jeder, der in einer analytisch orientierten Selbsterfahrungsgruppe damit beginnen möchte, diese Scheinbewältigung aufzugeben und das bisher Weggeschobene zu verarbeiten, ist hierzu auch imstande. Ein guter Gruppenleiter wird natürlich im Gesprächsverlauf darum bemüht sein, daß Aufhellung und Verarbeitung des Verdrängten Stück für Stück geschieht und daß niemand über sein Fassungsvermögen hinaus strapaziert wird. Aber ganz hat er das Geschehen ja nicht in der Hand. Im anderen Falle müßte er ein perfekter Psychotechniker oder so etwas wie ein psychologischer Zauberkünstler sein. Beides wäre weder ein erstrebenswertes noch realistisches Leitbild. Folglich muß vor dem Eintritt in die Gruppen geprüft und in einem Vorgespräch mit den Betreffenden erwogen werden, wie es um jene Voraussetzungen steht.

Noch ein anderes ist in diesem Zusammenhang zu bedenken: Die Gruppengespräche setzen, indem sie Kräfteaufwand an der falschen Stelle überflüssig machen, im Laufe der Zeit viele Kräfte frei. Zunächst einmal lösen sie jedoch einige Hilfskonstruktionen auf, die den Teilnehmern Leben und Arbeiten leichter gemacht haben. *Persönlichkeitsbildung ist mit Leiden an sich verbunden.* Das kostet Kraft. Zugleich muß der äußere Betrieb weitergehen. Die Leistungen im Beruf können möglicherweise vorübergehend etwas absinken. Sie dürfen von den inneren Veränderungsprozessen jedoch nicht zu sehr in Mitleidenschaft gezogen werden. Auch darüber sollte man sich, bevor jene Arbeit beginnt, bei jedem Mitglied Gedanken gemacht haben. Natürlich darf man bei alledem nicht nur Probleme sehen. Sonst geschieht gar nichts. Ein gewisses Risiko muß jeder eingehen, der in diesen Gesprächen reifer werden möchte. Das oberste Prinzip einer analytisch orientierten Selbsterfahrungsarbeit sollte jedoch dem obersten Ziel ärztlichen Handelns entsprechen: „nil nocere – keinen Schaden anrichten".

Des öfteren interessieren sich Leute für solche Gruppen, die gerne reden und im Mittelpunkt stehen möchten. Auch sie gilt es möglichst an der Teilnahme derartiger Veranstaltungen zu hindern. Bei ihnen ist es nämlich fraglich, inwieweit sie tatsächlich an Wandlung interessiert sind. Im Zuge ihrer Reifung würden sie ja aus dem Mittelpunkt ihrer Welt herausrücken und an die Peripherie geraten. Sie sind es aber gewohnt, ein Publikum zu haben, vor dem sie sich darstellen können. Ein solches Verhalten schadet natürlich einer Gruppe. Die Vielredner bringen andere zum Schweigen – vor allem diejenigen, die es lernen müssen, mehr aus sich herauszugehen und spontaner zu werden.

Bei der Auswahl der Gruppenmitglieder spielt schließlich der Gesichtspunkt des Begabungsniveaus und der zumindest angelegten Differenzierung einer Persönlichkeit eine

Rolle. Wir waren bestrebt, unter den Meldungen nicht nur einseitig begabte Führungskräfte herauszufinden, sondern Menschen, die vielleicht bislang zu einseitig eine Begabung, z. B. eine technische oder eine administrative genutzt hatten, die aber ihrer Art gemäß noch andere Möglichkeiten, z. B. emotionale und soziale Anlagen in sich trugen. Wir gehen bei unserer Vorstellung von Persönlichkeit und Persönlichkeitsbildung von einem ganzheitlichen Menschenbild aus. Persönlichkeitsbildung soll zur vollzogenen Ganzheitlichkeit hinführen. Das bedeutet aber, daß für solche Bildungsbemühungen Menschen gesucht werden sollten, die bereit sind, sich auf breiterer Basis zu entfalten und die als Anlage eine entsprechend breite Basis mitbringen.

Niveau und Differenzierung der Persönlichkeit meint ein Faktum, das sich vom Gegenteil her leichter eingrenzen läßt. Es gibt Führungskräfte, die Erfolg haben und die ihren Erfolg zum Teil ihrer Primitivität verdanken. Früher waren das z. B. die autoritären Knochenbrecher. Sie merkten oft nicht, was sie anrichteten, noch kamen ihnen Bedenken bei ihrer Art des Umgangs mit Menschen. Heute sind nicht selten Technokraten im Prinzip aus dem gleichen Holz geschnitzt. Gewiß ist es nicht wahrscheinlich, daß sich Menschen mit diesem Naturell für diese Art von Persönlichkeitsbildung interessieren. Andererseits: Führung wird wieder modern, und auch aus Persönlichkeit kann man eine grob gestrickte Masche machen, die in andere Strickmuster hineinpaßt. Zumindest haben wir bei der Auswahl der Kandidaten auch diesen Aspekt im Auge. Primitivität und Mangel an Persönlichkeitsniveau darf selbstverständlich nicht in einen Topf geworfen werden mit Abstammung aus unteren sozialen Schichten und einem Mangel an Ausstattung mit Attributen des Bildungsbürgertums. Herkunft aus gehobenen Bildungsschichten, Durchlaufen der oberen Bildungswege schafft nur zu oft Scheinbildung und Scheinpersönlichkeiten. Umgekehrt weisen gerade unverbildete Menschen gute Möglichkeiten zu echter Persönlichkeitsbildung auf.

Wichtig ist also, daß die Vorklärung vor Beginn einer Selbsterfahrungsarbeit. Allein durch gründliche persönliche Information über ein solches Vorhaben zur Persönlichkeitsbildung können viele von denen, die sich hierfür interessieren, beurteilen, ob das wohl für sie das richtige ist. Wichtig ist ferner, wie Gruppen zusammengestellt werden. Hier sollte ein gutes Mischungsverhältnis aus Homogenität und Heterogenität gefunden werden. Damit ist gemeint: auf der einen Seite sind in einer analytisch orientierten Gruppe genügend gemeinsame Bestandteile, also ein hinreichendes Maß von Gleichartigkeit der Teilnehmer nötig. Gibt es zu wenig davon, so ist der Gesprächsfluß bedroht. Man ist zu weit voneinander entfernt, als daß – um dieses Bild aus der Physik zu gebrauchen – ein Funken überspringen und ein Lichtbogen entstehen könnte. Ein zu hohes Maß von Verschiedenartigkeit macht das Zusammenwachsen zu einer fruchtbaren Gemeinschaft schwierig. Umgekehrt zieht ein zu großer Anteil von Gleichartigkeit Spannungslosigkeit nach sich – diesmal freilich aus einem anderen Grund. Man ist sich in wichtigen Dingen zu ähnlich und wird zu wenig durch andere Ansätze in Frage gestellt. Das Gespräch windet sich zähflüssig dahin. Es kommt zu wenig Veränderungen in den Beteiligten. Bei der Zusammensetzung der Gruppen werden fruchtbare Spannungsverhältnisse angestrebt. Es ist z. B. gut, Männer und Frauen etwa zu gleichen Teilen in Gruppen zusammenzubringen.

Ein Strukturprinzip unserer Gruppen besteht des weiteren darin, Vertreter der Wirtschaft und Angehörige der Verwaltung zusammenzuspannen. Diejenigen, welche in ihnen tätig sind, sollten mehr voneinander wissen; sie sollten sich besser kennen. Die Gruppen bieten Gelegenheit, Vorbehalte der anderen Seite gegenüber abzubauen. Dies konnte ein kleiner Beitrag sein, daß zwischen öffentlichem Dienst und Wirtschaft mehr Kommunikation und Kooperation entsteht.

Ein wesentliches Gestaltungsprinzip, das bei der Zusammensetzung der Gruppen beachtet wird, ist folgendes: Man kann Menschen idealtypisch in zwei Gruppen einteilen. Die einen repräsentieren mehr das Element des Statischen, des Verweilens, des Beharrenden. Die anderen sind stärker durch den Gegenpol, also durch Bewegung, Dynamik, sprudelnde Einfälle gekennzeichnet. Auf dem Wege der Reifung zur ganzheitlichen Persönlichkeit müssen beide Teile etwas von dem anderen übernehmen. Der statische Typ des Verwaltungsmannes soll etwas beweglicher, veränderungsfreudiger, lebendiger, farbiger werden. Der Vorwärtsdrängende, z. B. der Vertriebsmensch, soll lernen, etwas mehr zu verweilen, sich mehr Zeit zu lassen, mehr zur Ruhe zu kommen, mehr in die Tiefe zu steigen, gründlicher zu überlegen. Diese Typen müssen bisweilen mehr praktische Vernunft entwickeln, damit sie nicht von ihrem Feuereifer, der sich manchmal als Strohfeuer erschöpft, und von Emotionen hingerissen werden. Beide Typen sollten also in einer Gruppe vertreten sein, möglichst ohne daß eine Seite die andere überwiegt. Im einen Fall wird es langweilig, im anderen Fall leicht zu kurzweilig. Vor Beginn der Gruppenarbeit werden noch einige weitere Voraussetzungen festgelegt. Ich sichere den Gesprächsteilnehmern zu, daß ich ihnen in besonderen Situationen auch zu gelegentlichen Einzelgesprächen zur Verfügung stehe. Besonders für den Fall, daß sich in der Zeit zwischen Sitzungen etwas ganz Aktuelles anbahnen sollte, brauchen die Gruppenmitglieder die Sicherheit, daß sie nicht in der Luft hängen. Von diesem Angebot wurde nur einmal Gebrauch gemacht. Eine weitere „Sicherheitsgarantie" erstreckt sich auf die Familie der Gesprächsteilnehmer. Es kommt ja in Gruppenprozessen gelegentlich zu Entwicklungsphasen, in denen Familienmitglieder über Gebühr belastet werden. Wenn ein Mensch z. B. bislang unterdrückte Aggressionen zuläßt, wird zwar versucht, diese Entladungen in der Gruppe zu kanalisieren. Es läßt sich aber nicht ausschließen, daß auch Familienangehörige einiges davon abbekommen und daß unter Umständen ein wohl allerdings vorher schon instabiles Familiengleichgewicht seine Balance verliert. Ich erkläre mich ferner bereit, um auszuschließen, daß der Entfaltungsprozeß der männlichen Teilnehmer an ihren Frauen vorüberläuft, für Aussprachen im Kreise der Ehefrauen zur Verfügung zu stehen. Die Gruppenteilnehmer übernehmen die Pflicht zu regelmäßiger Anwesenheit. Hier und da ist es nötig, auf Pünktlichkeit zu dringen. Pünktliche und regelmäßige Teilnahme sind keine Selbstverständlichkeit, denn jeder hat so manchen anderen Termin. Eine weitere Voraussetzung lautet, sich zwischen den Sitzungen Zeit nehmen, damit das, was im Rundgespräch behandelt wurde, in Muße bedacht werden und weiterarbeiten konnte. Dies bereitet dem einen oder dem anderen Schwierigkeiten. Schließlich wird Schweigepflicht vereinbart. Bei der Zusammensetzung der Gruppen sollte darauf geachtet werden, daß nicht Angehörige einer Firma in die gleiche Gruppe kommen. Es ist schwierig, sich auch im privaten Bereich, möglicherweise sogar in sehr persönlichen Belangen zu öffnen, wenn man am nächsten Tag wieder sachlich zusammenarbeiten muß. Nur durch die Sicherheit: alles was in der Gruppe besprochen wird, bleibt auch in der Gruppe, ist es den einzelnen möglich, aus sich herauszugehen.

VI. Erfahrungsberichte

Erster Erfahrungsbericht

Ich habe mich aus zwei Gründen bei dem Selbsterfahrungskurs angemeldet: einmal aus grundsätzlichem Interesse an Fort- und Weiterbildung; zum anderen, und das vorrangig, weil hier eine für mich andere und neue Art der Weiterbildung angeboten wurde. Nach mehreren Seminaren in Verkaufstechnik und Verkaufspsychologie, Mitarbeiterführung und ähnlichem (aus denen ich durchaus auch Positives mitgenommen habe) bot sich jetzt die Gelegenheit, über längere Zeit hinweg mit anderen zu arbeiten, von anderen zu lernen, Erfahrungen auszutauschen. Kurzfristig hatte ich Bedenken wegen der langen Dauer der gemeinsamen Arbeit. Schnell wurde ich mir jedoch bewußt, wie wenig eigentlich zwei Jahre sind, um an sich und für sich zu arbeiten Von der Gruppenarbeit erwartet habe ich ein starkes Eingehen der anderen auf mich und meine Probleme; damit verbunden offene Kritik an mir, sowie, für mich, Lernen aus dieser Kritik. Das ist meines Erachtens auch das Erfolgreichste an dieser Selbsterfahrungsgruppe: Da man sich im Laufe der zwei Jahre immer näher kennenlernte, ist mehr und mehr eine persönliche Anteilnahme an den Problemen der anderen, und dadurch auch die Fähigkeit zu objektiver persönlicher Kritik gewachsen.

Die Arbeit in unserer Gruppe war nicht immer begeisternd. Oft vergleichbar mit einem Motor bei starker Kälte, dauerte es längere Zeit, bis zum Warmlaufen. Wichtig für die Gruppenarbeit ist die Teilnahme aller an den Gruppenabenden. Dies ist bei Führungskräften sicher sehr schwierig. Aber sie haben auch die Möglichkeit, sich darauf einzurichten. Die Abwesenheit auch nur einer Person reißt ein sehr großes Loch. Viel schwieriger noch ist es für den Fehlenden, sich wieder hineinzudenken und hineinzufühlen.

Sehr wichtig scheint mir, die gemeinsame Arbeit in der Selbsterfahrungsgruppe als Lernprozeß anzusehen und nicht als eine Art Heilungsprozeß bei einem Psychotherapeuten. Individuell, persönlich, menschlich habe ich durch diese Arbeit hinzugewonnen. Ich bin in erster Linie toleranter geworden. Wo ich vorher oft kleine Fehler bei anderen kritisiert habe, sehe ich heute in diesen Fehlern, die man ständig ja auch selbst macht, die allerbeste Möglichkeit zu lernen. Gleichzeitig bin ich, auch wenn das widersprüchlich klingen mag, härter und bestimmter geworden. Aber ist es nicht gerade heute, wo man den Eindruck hat, daß viele Menschen unsicherer werden, zum Teil in eine ungewisse Zukunft gehen, sogar oft erforderlich, hart und bestimmt, doch gleichzeitig menschlich zu sein? Außerdem gehe ich heute mehr auf Probleme meiner Mitmenschen ein, bin selbstbewußter geworden, suche mehr Gespräche bei Konflikten, wo ich vorher eher geschlichtet habe. Und ich habe die Einsicht gewonnen, daß sich manche Kleinigkeiten und Problemchen von selbst lösen und nicht meiner Lösung bedürfen.

Zweiter Erfahrungsbericht (Studienrat, 35 Jahre)

Als Grund für meine Teilnahme kann ich sagen: Ich empfand schon längere Zeit eine innere Unzufriedenheit mit meiner Art und sah in dem Angebot des Instituts Mensch und Arbeitswelt einen Weg zur Selbsthilfe. Ich verspürte ein Ungenügen im schulischen Umgang mit meinen Schülern, eine Distanziertheit, die ich nicht alleine überwinden konnte. Meine Unterrichtsvorbereitungen kosteten mich viel Zeit, mit dem Ergebnis war ich aber nie sonderlich zufrieden. – In meiner Ehe legte ich „Pascha-Allüren" an den Tag, war bestimmend und vielleicht auch unterkühlt. Gesellschaftlichem Umgang gegenüber zeigte ich mich verschlossen, worüber meine Frau nicht glücklich war. – In mir selbst spürte ich eine Blockade, die ich einfach nicht durchstoßen konnte. Ich fühlte mich unreif, nicht als das, was ich dem Wesen nach war. Ich konnte ursprüngliche Regungen nicht (mehr) zulassen, vertrocknete langsam. Ich war in einer fatalen seelischen Lage. Aus dieser Situation heraus meldete ich mich beim Institut und schrieb in meiner Bewerbung u.a.: „... und verspüre täglich, wie dringend eine gezielte Persönlichkeitsarbeit wäre."

In der Gruppe versuchte ich anfangs, aufgrund meiner Psychologiekenntnisse, die Probleme der anderen lehrerhaft zu diagnostizieren. An der Reaktion der „Opfer" merkte ich aber, daß diese Art nicht wirkte, da sie eigentlich wenig Menschliches enthielt. Nach einer Reihe solcher „Fehlschläge" wurde ich im Laufe der Zeit ein anteilnehmender Zuhörer, und im Einklang mit der besonderen Situation des anderen kamen dann die richtigen, helfenden Worte.

In die Zeit der Gruppenarbeit fiel auch mein erster Schullandheimaufenthalt. Ich übernahm die Klasse neu und hatte beträchtliche Sorgen über das Gelingen des 14tägigen Aufenthaltes im Ausland. Auch Gruppengespräche konnten diese nicht verringern. Doch alles verlief glänzend: Menschliche Beziehungen zu den Schülern wurden geknüpft, bei strapaziösen Ausflügen machte keiner der dreißig Schüler und Schülerinnen schlapp. Der Aufenthalt bereitete mir ungeheuren Spaß. Dieses Engagement spürten die Jugendlichen, und der Funke sprang über. „Tun ohne zu tun", geschah, wie es im Zen-Buddhismus heißt. – Ein Modell für mein weiteres schulisches Wirken war geboren.

Der Ehrlichkeit halber möchte ich aber auch erwähnen, daß ich mit der mir als Begleitperson zugeteilten Lehrerin wenig harmonierte (was aber nach außen hin kaum in Erscheinung trat). Ich fand nicht den Mut, den Weg, ihr meine Mißbilligung über ein störendes Verhalten klar auszudrücken, weil ich befürchtete, daß sie sich dann ganz in die Symptome flüchten und damit als Begleitperson ausfallen würde. Zurück in der Schule schenkte ich ihr reinen Wein ein – und sie reagierte äußerst gekränkt. Heute würde ich das offene Gespräch gleich beim Aufkommen des Problems suchen und nichts unter den Teppich kehren.

Ein weiteres schulisches Erlebnis, das rein positiv ausfiel, möchte ich noch erwähnen. So stand mir ein Elternabend bevor, von dem ich wußte, daß meine Person und meine Unterrichtstätigkeit zur Diskussion standen. Das Gespräch wurde auch gleich mit harten Vorwürfen von der Elternseite eröffnet und sogar der Stoff eines Diktates als nicht altersstufengemäß abgewertet. Da auf meine Frage aber keiner der Anwesenden den Inhalt wirklich kannte, las ich das Diktat vor und kommentierte strittige Stellen; vom Vorwurf blieb nichts mehr übrig. So verlief der Abend offen und anregend. Ich parierte und offerierte sachgemäß und doch locker und gelassen aus der Mitte heraus. Ich blieb mir treu und verfiel nicht in eine wesensfremde Rolle. Meine überzeugende Art konstatierten später die anwesende Klassenlehrerin und ein Kollege, der an diesem Abend ebenfalls auf der „Abschußliste" stand.

Bemerkenswert empfand ich in der Gruppe, wie Prof. Affemann Angriffe der Teilnehmer auf seine Person gelassen aufnahm und sich nicht gekränkt zeigte. Durch Hinterfragen konnte der Projizierende seinen Schatten erkennen. Auch brachte der Gruppenleiter manches Persönliche von sich ohne Scheu in die Gruppe ein. Mir half dieses Verhalten, mein allgemein überhöhtes „Prominentenbild" zurechtzurücken.

Natürlich „menschelte" es auch in der Gruppe. So empfinde ich es heute noch als beschämend, daß es die ganzen zwei Jahre über beim konventionellen „Sie" geblieben ist, und das unter Teilnehmern, die zusammengekommen sind, um sich und dem anderen näherzukommen. Ein entsprechender Vorschlag meinerseits wurde mehrheitlich abgewiesen. Ich hatte mir einst vorgestellt, daß ich nach zwei Jahren weiter wäre, als ich es jetzt tatsächlich bin. Bei den Gruppengesprächen war m. E. viel Leerlauf, sei es die obligatorische Schweigezeit zu Beginn, das „Vom-Thema-Abschweifen", oder daß Teilnehmer Stunde um Stunde ihr geschäftliches Hickhack breitwalzten, obwohl alles Nötige und Mögliche gesagt war. Da fehlte uns Gruppenmitgliedern m. E. die nötige standfeste Offenheit, unser Veto zu äußern.

Wenn ich nun auf die zweijährige Gruppenarbeit zurückblicke, muß ich natürlich feststellen, daß ich reifer geworden bin. Ich bin menschlicher, spontaner, geselliger und gestehe dem anderen, dem Partner, mehr Freiraum zu, ohne daß ich mich dadurch übergangen fühle. Dies wäre vielleicht auch ohne die Gruppe gekommen. Aber sicher ist, daß durch die Gespräche eingerostete Weichen in mir gestellt, neue Gleise in bis dahin dunkle seelische Tiefen gelegt wurden. Eine anhaltende Bewußtseinserweiterung auf dem Weg der Individuation konnte stattfinden.

Meine eingangs geschilderte Unzufriedenheit mir gegenüber ist geblieben. Sie wurde sogar noch vertieft, und ich leide mehr denn je darunter. Ich führe diesen Zustand zurück auf eine größere Sensibilität meinem Wesensanspruch gegenüber. Im Gegensatz zu früher sehe ich aber mein Leiden als heilsam, als sinnvoll an. Es entsteht in mir dadurch, daß sich mein wesensgemäßes Inbild gegen eine falsche und verhärtete Form intensiver wehrt und mein Spürbewußtsein für diese Heilwerdung sensibler geworden ist. Diesen augenblicklichen Ist-Zustand drückte Frau Affemann in ihrem abschließenden graphologischen Gutachten u. a. damit aus, daß bei mir „eine Aufbruch- und Umbruchsituation" herrsche, indem eine stagnierende Entwicklung mehr Ausdifferenzierung bekomme und ich meine „Tauchstation" verlasse. – Reife ist kein endgültiger Zustand, sondern das Rad der Verwandlung darf nicht stillstehen, sonst fällt es um.

Meine Selbsterfahrungserlebnisse auf dem zweijährigen Wege der Persönlichkeitsbildung möchte ich mit einem Zitat von C. G. Jung schließen: „Wenn man versteht und fühlt, daß man schon in diesem Leben an das Grenzenlose angeschlossen ist, ändern sich Wünsche und Einstellung. Letzten Endes gilt man nur wegen des Wesentlichen, und wenn man das nicht hat, ist das Leben vertan."

Dritter Erfahrungsbericht

Auf direktem Weg hatte ich nach der Schule ein sachbezogenes naturwissenschaftliches Studium durchlaufen. Im zwischenmenschlichen Bereich erlebte ich dabei Positives, etwa die Zeit, die ich unter guten Kameraden im Studentenheim verbrachte, wie auch Negatives, so ein nie bis zum Ende ausgetragener Konflikt mit meinem zunächst vorbildhaften Ausbilder. Zwischenmenschliche Schwierigkeiten wurden von mir eher durchlitten, als aktiv gelöst, es sei denn, ein Kampf war wirklich unvermeidlich. Nach meiner Erinnerung war ich schon in der Kindheit daran gehindert worden, zu kämpfen und mich gegen andere durchzusetzen. Mit dem Eintritt ins Berufsleben hatte ich trotz meiner naturwissenschaftlichen Ausbildung immer mehr mit dem Faktor Mensch zu tun, der, im Vergleich zur Technik, unberechenbar und unbeherrschbar schien. Schwierigkeiten mit Kollegen und Vorgesetzten nahmen deshalb immer mehr zu, vor allem, weil ich ihnen eher auswich, anstatt sie mutig zu lösen. Aufstiegserwartungen, Konkurrenzsorgen, unausgetragene Reibereien erlangten immer größeres Gewicht als reine Sachprobleme, so daß mein Lebensgefühl, das bisher durch das stetige und auf eigenes Streben gestützte Vorwärtskommen gestärkt wurde, nun Einbußen erlitt. Resignation machte sich breit.

In diese Zeit fiel meine Bewerbung zum Angebot „Bildung zur Führungspersönlichkeit" des Instituts Mensch und Arbeitswelt. Zunächst dachte ich wohl daran, auf einem bisher wenig beachteten Gebiet einen Wissensvorsprung zu gewinnen, der mir im beruflichen Fortkommen behilflich sein könnte. Eigene Fehler konnte ich zwar damals zum Teil schon einsehen, machte sie aber trotzdem immer wieder, weil ich wohl die dahinterstehenden Fehlhaltungen nicht korrigieren konnte. Zwischenmenschliche Probleme versuchte ich durch Anpassung oder in schwierigeren Fällen durch Rückzug zu lösen. Mein umfangreiches Fachwissen konnte mir nicht immer eine Hilfe sein. Zu meinem Erstaunen stand bei der Gruppenarbeit die Vermittlung von Wissen überhaupt nicht im Vordergrund. Wir lernten, unvoreingenommen über unsere persönlichen Schwierigkeiten zu sprechen und das, was der andere sagte, auf uns wirken zu lassen und auch auf uns zu beziehen. Es stellte sich ein Klima des Vertrauens ein, eine schützende Atmosphäre, die es ermöglichte, offen und ehrlich auch über sehr persönliche Angelegenheiten zu sprechen. Die Erfahrung, trotz seiner Fehler ernst genommen und nicht abgelehnt zu werden, war wesentlich. Wir bemerkten, daß wir es weniger nötig hatten, vor anderen auf der Hut zu sein. Bei alldem suchten wir eine offene, realistische Haltung zum anderen und lernten, uns gegenseitig auch Unangenehmes zu sagen.

Sicher gab es dabei auch Grenzen des Taktes, und der Bereich der Sexualität, der ja auch seinen Platz in unserem Leben hat, wurde z. B. nur selten angesprochen, obwohl die Möglichkeit hierfür bestand. Wichtig war für mich auch die Erkenntnis, daß ich für mangelnde Entfaltung nicht nur die Verhältnisse verantwortlich machen durfte, sondern daß ich selbst den mir zur Verfügung stehenden Freiraum nicht voll ausnützte. Sicher hing das mit meiner geschwächten Aggressivität zusammen, was wiederum auf hemmende Einflüsse in der Kindheit zurückging. Der enge Kontakt in der Gruppe, bei dem aber eine gewisse Distanz zum Nächsten nicht durchbrochen wurde, ermöglichte mir eine gute Erfahrung. Ich konnte mich dem anderen nähern, ohne zurückgewiesen oder aber angebiedert zu werden. Diese gute Erfahrung ließ mein Interesse am Menschen weiter wachsen. Da die Gespräche in der Gruppe sich auf persönliche Erlebnisse, Gefühle und Beziehungen konzentrierten, Bereiche, die im Alltagsgespräch meist ausgespart werden, verließ ich den Gruppenabend meist sehr angeregt und diskutierte zu Hause mit meiner Frau noch weiter. Auf diese Weise gelangte auch meine Frau zu einer offeneren Haltung.

Ähnlich fruchtbare Diskussionen nahmen auch im Kollegenkreis zu und halfen, das gegenseitige Verständnis und die Zusammenarbeit zu verbessern. Allerdings zeigte sich hier bald eine Spaltung in aufgeschlossene und eher verschlossene Kollegen. Auf jeden Fall nahm im Verlauf der Gruppenarbeit das Menschliche immer mehr Raum in meinem Leben ein. An mir selbst bemerkte ich, daß ich immer weniger verletzendes Verhalten anderer hinnehmen mochte, während ich mich früher nur selten aufgelehnt hatte. Auch Fehler, die ich bei der Erziehung meiner eigenen Kinder beging, drangen nun in mein Bewußtsein. Ich wurde geduldiger und konnte die Bedürfnisse der Kinder viel besser erkennen, tolerieren und unterstützen. Aber schmerzvoll mußte ich auch erkennen, daß Fehler und Versäumnisse aus früheren Zeiten nur schwer und nicht vollkommen aufgehoben werden können: Aus beruflichen Gründen mußten wir uns von unserer ältesten Tochter in ihren ersten Lebensjahren zu oft trennen, ohne ihr dabei helfen zu können. Jetzt hat sie immer noch Schwierigkeiten, sich zu trennen, sei es von uns tagsüber, beim Schlafengehen, oder auch von vertrauten Dingen. Das Erkennen der Haltung hinter der Handlung, der Rückblick auf ihr Entstehen und die Einsicht in die Unabänderlichkeit der Vergangenheit läßt uns mit Schmerzen die eigene Unvollkommenheit wahrnehmen.

Daraus eröffnet sich aber auch die Möglichkeit, etwas zur Änderung von nachteiligen Haltungen zu tun, etwas Neues zu riskieren, trotz des lenkenden Einflusses der uns eigenen Fehlhaltungen. Dennoch ist der Prozeß der Änderung langwierig und schwierig. In unserem Alter zieht er sich über Jahre hin, da wir uns durch Erfahrungen, die unsere Einstellungen und Haltungen beeinflussen, nicht mehr in dem Maße berühren lassen, wie dies noch bei einem offenen und leicht verletzlichen Kind möglich ist. Leiter und Gruppe wirken unterstützend dabei, wenn sie vermögen, die richtigen Fragen zu stellen, ohne Verstellung uns anteilnehmend zu begleiten und in schwierigen Situationen hinter uns zu stehen. Aber ohne die eigene Bereitschaft, sich vom Geschehen in der Gruppe gefühlsmäßig tief berühren zu lassen und sich und seine Probleme in die Gruppe einzubringen, kann das beste Gruppenklima nichts in Bewegung setzen. Wenn ich zurückdenke, mußte ich mehrmals erstaunt feststellen, daß ich beim Erzählen meiner Probleme ernstgenommen wurde, aber ohne Ratschläge für zukünftiges Verhalten gelassen wurde. Ich muß sagen, daß diese Abende in mir besonders lange nachwirkten und mich zum Nachdenken und Suchen nach eigenen Lösungen ermunterten.

Es liegt in der Natur der Gruppenarbeit, daß sie nicht immer gleich intensiv und fruchtbringend sein kann. Die Fähigkeiten und die momentane Verfassung des Gruppenleiters sowie das in der Gruppe herrschende Klima, das von verschiedenem Maß an Vertrauen, Anteilnahme und Echtheit jedes Teilnehmers geprägt ist, können sich anregend oder hemmend auswirken. Z. B. kann ein Teilnehmer durch voyeurhaftes oder für die anderen unerklärbares Verhalten die anderen dazu bringen, sich zu verschließen. Überwiegen zeitweise die hemmenden Einflüsse, kann es zu Leerlauf oder gar zu Blockierungen kommen. Hartes Anfassen von Teilnehmern führte nicht immer zu positiver Wendung und in Stunden mit ausgedehnten Diskussionen über Sinn und Werte ließ die persönliche Betroffenheit und damit die Intensität des Wirkens nach. Etwas, was ich noch heute nicht verstehe, ist, daß sich zu Beginn der Gruppenarbeit oft keiner fand, der spontan den Anfang machte. Statt dessen saßen wir mehrere Minuten stumm und blickten verlegen um uns. Zum Glück hielten sich die hemmenden Einflüsse in unserer Gruppe in Grenzen. Aber Gefahr kommt nicht nur von den hemmenden Einflüssen innerhalb, sondern auch außerhalb der Gruppe. Ein verständnisloser und zu Anpassung zwingender Chef etwa kann sich schon während der Gruppenarbeit bremsend auf den Fortgang auswirken und auch nach deren Abschluß das mühsam Erreichte schlimmstenfalls wieder rückgängig machen.

Vierter Erfahrungsbericht

Gruppenarbeit
Meine berufliche Situation war zu Beginn der Gruppenarbeit so, daß ich erstmals nach längerer, erfolgreicher Stabstätigkeit in Großbetrieben, Linienverantwortung als kaufmännischer Leiter eines Kleinbetriebes übernommen hatte und nach zehn Monaten der Tätigkeit erkennen mußte, daß ich an dieser Aufgabe persönlich und teilweise fachlich gescheitert war. Mein eigenes Bild vom erfolgreichen Manager war gehörig „angeknackst", meine fachlichen Mängel hatte ich rasch erkannt und unverzüglich begonnen, dagegen anzugehen, meine persönlichen Probleme waren hingegen so recht nicht zu analysieren und zu lösen. Gott sei Dank hatte ich in meiner Frau und meiner kleinen Tochter einen stabilen, familiären Hintergrund, der mir zuverlässigen Rückhalt gab. Für mich stand fest, daß ich mir persönlich und beruflich ein zweites Scheitern nicht erlauben konnte und wollte. Mit dem Selbsterfahrungskurs bot sich eine Möglichkeit, meine Persönlichkeit auszuloten, zu betrachten, zu verbessern, aufzubauen. Meine Vorstellungen, wie die Gruppenarbeit, die Arbeit überhaupt ablaufen würde, waren wenig konkret, meine Erwartungen gingen teilweise eher in Richtung „Patent-Rezepte für Verhaltensweisen".

Nun, die Gruppenarbeit verlief anders als erwartet. Zunächst etwas schleppend, über lange Zeit (gelegentlich auch noch später) oberflächlich bleibend, eine tiefe Scheu, selbst offen und vorbehaltslos zu reden und an die anderen, bei Schilderung derer Probleme, auch in heiklen Fragen wieder und wieder das Warum zu richten. Überhaupt fiel mir auf, daß es mir schwerfiel und heute noch schwerfällt, persönliche Dinge zu hinterfragen und bewußt das Risiko einzugehen, beim anderen einen wunden Punkt zu berühren. In der Gruppe war doch eher die Neigung da zu diskutieren, als zu analysieren.

Was hat mir die Arbeit persönlich gebracht?
Im Gespräch mit der Gruppe, in der gemeinsamen Analyse, durch die Erkenntnisse hieraus andere Einsichten, andere Einstellungen zu meinen Problemen. Ich habe erfahren, daß andere meine Probleme zum Teil völlig anders als ich sehen, daß sie mich und meine Reaktionen anders sehen, als ich mich sehe. Dies ermöglicht nicht nur anderen, mich zu fragen, warum, sondern es bringt auch und gerade mir, die Möglichkeit, mit mir selbst kritischer zu werden, mich selbst häufiger, nach dem Warum zu fragen, mich selbst und Vorgänge um mich in völlig anderem Licht zu sehen. Ich habe viele Denkanstöße erhalten und bin mir selbst – aber auch anderen gegenüber – kritischer geworden, ich fühle mich nach diesen zwei Jahren sicherer, ich bin ruhiger geworden, habe zu nicht wenigen Dingen eine gesunde Distanz bekommen.

Wir haben in der Gruppe versucht, den Schlüssel zum eigenen Verhalten zu finden. Ereignisse, die lange zurücklagen (Kindheit, Erziehung usw.), wurden analysiert und gaben mögliche Erklärungen für eigene Verhaltensweisen. Ich habe bei mir unangemessen krasse Reaktionen feststellen können, wenn es ein „tieferes Ereignis" betraf. Dieses Wissen um mögliche unangemessene Reaktionen, ermöglicht unter Umständen angemessene Reaktionen. Die sehr offene

Zusammenarbeit in der Gruppe hat wohl auch den anderen eine Hilfe bei der Analyse ihrer Probleme gebracht. Für mich selbst ergaben sich gelegentlich Parallelen zu den eigenen Problemen, Vergleichbares trat auf, manchmal auch ein „Aha-Effekt". Nicht selten konnte ich bei mir und den anderen gewisse Verhaltensmuster feststellen, gerade dann, wenn sehr intensiv nachgefragt und hinterfragt wurde. Oftmals habe ich von der Gruppe eine Bestätigung des eigenen Verhaltens erwartet, nicht selten eine Menge Kritik einstecken müssen; Gottseidank war die Gruppe so stabil und in sich tragend, daß es dem einzelnen ohne Wenn und Aber möglich war, zu den eigenen Fehlern zu stehen. Am Anfang war es nicht leicht für mich, „das Gesicht zu verlieren". Später wußte ich, daß ich mir damit nur helfen und mich selbst stabilisieren konnte.

Heute, nach mehr als zweijähriger Arbeit, fühle ich mich stabiler, sicherer, ruhiger, eher in der Lage, mit den eigenen und fremden Konflikten umzugehen. Ich habe beruflich eine neue Aufgabe mit reichlich fremder Materie übernommen, arbeite wesentlich mehr als früher und fühle mich in den wesentlichen Punkten recht wohl. Meine familiäre, private Situation, die eigentlich nie problematisch war, ist dadurch gekennzeichnet, daß ich meine frühere Pedanterie im wesentlichen abgelegt habe, daß ich Neuem gegenüber aufgeschlossen bin, mehr Emotion zeige, daß ich insgesamt großzügiger, weniger verkrampft bin.

Fünfter Erfahrungsbericht

Warum habe ich an der Gruppenarbeit teilgenommen?
Meinen Beruf als Industriekaufmann habe ich immer mit Begeisterung ausgefüllt und gleichzeitig als mein liebstes Hobby betrachtet. Aus dieser Situation heraus war ständig der Wunsch in mir vorhanden, im Hinblick auf meine Weiterbildung etwas zu tun. Dies hängt sicher auch damit zu-

sammen, daß ich nur die Hauptschule besuchte. Da die Anforderungen im Berufsleben ständig gewachsen sind, war es vielleicht auch eine zwangsläufige Notwendigkeit. Soweit mein berufliches Engagement Spielraum für Abendkurse, Seminare oder Vorträge erlaubte, habe ich keine Gelegenheit ausgelassen. Ich hatte das Glück, an der Gruppenarbeit des Instituts teilnehmen zu dürfen. Mit welchen Erwartungen, Hoffnungen und Wünschen nimmt man an der Gruppenarbeit teil? Darüber hatte ich zunächst nicht nachgedacht. Eines war mir klar, daß ich neue Eindrücke, Einsichten und Erfahrungen sammeln werde, die mir persönlichen Zuwachs bringen. Ein Gruppenmitglied vertrat die Ansicht, daß diese Einstellung so zu werten ist, als ob man sich eine beliebige Kinokarte kauft, um dann mal zu sehen was läuft. Obwohl diese Aussage sarkastisch gemeint war, hatte er nicht so Unrecht. Ohne irgendwelche Vorurteile oder übertriebene Ansprüche habe ich an der Gruppenarbeit teilgenommen.

Wie funktioniert die Gruppenarbeit?
In freundschaftlicher und zwangloser Atmosphäre haben wir miteinander geredet. Die Gesprächsbeiträge der Gruppenmitglieder waren aus allen Lebensabschnitten und Lebensbereichen. Jeder hatte die Möglichkeit, über das was ihn bewegt, bedrückt, belastet oder begeistert, offen zu sprechen. Daraus entwickelte sich in der Gruppe ein engagierter, manchmal sogar heftiger Dialog. Wenn die Wogen überschäumten oder sich Windstille einstellte, sorgte Herr Dr. Dr. Affemann dafür, daß das Gruppenschiff im Fahrwasser blieb und den richtigen Kurs steuerte. Anfänglich benötigt es sicherlich einige Überwindung, um sich der Gruppe anzuvertrauen. Sobald man aber gefühlsmäßig integriert ist, gibt es keine Vorbehalte mehr. Für mich war es ein starkes Gefühl, über meine Kindheit, Elternhaus, Schule, Beruf, Familie und sonstige Probleme zu sprechen. Da habe ich zum erstenmal gefühlt, was es bedeutet, sich selbst zu erfahren. Dieses Gefühl habe ich einmal mit folgendem

Satz umschrieben: „Es ist einem so, als ob man den Sperrmüll der zurückliegenden Jahre von innen nach außen kehrt."

Die Anteilnahme und das Verständnis der Gruppe für die eigenen Probleme ist sehr hilfreich. Allerdings werden die Beiträge auch kritisch hinterfragt und in Frage gestellt. Bei diesen Gelegenheiten wird einem der Spiegel vorgehalten, und der Lack zeigt Risse. Dazu ein Beispiel: Voller Überzeugung habe ich in der Gruppe verkündet, daß ich Mitmenschen ablehne, die anstatt Argumente zu benützen, nur lauthals schreien, um sich dadurch Recht zu verschaffen. Im Verlauf unserer Gruppenabende mußte ich dann eingestehen, daß ich gegenüber meiner Familie auch so ein unqualifizierter Schreier bin. Das tut weh, war aber heilsam. Die gefühlsmäßige Bindung mit der Gruppe bringt nicht nur Entspannung, sondern führt auch zu Belastungen, da man sich mit den Problemen der Gruppenmitglieder identifiziert. Die Gefühle fahren da mitunter Achterbahn und man kommt sich vor wie im Wechselbad.

Welche Veränderungen bringt die Gruppenarbeit?
Der Sockel auf dem ich früher stand, existiert nicht mehr. Weg von der Perfektion, Fehler und Schwächen eingestehen, nichts mehr kaschieren. Das ist eine Erkenntnis. Dazu ein Beispiel. Mit unserem Sohn müssen wir regelmäßig zum Arzt, denn er ist Diabetiker. Wieder einmal war ein Arztbesuch fällig. Beim Mittagessen kam es zwischen ihm und seiner Mutter zu einer Meinungsverschiedenheit. Nach Anhörung der gegenseitigen Standpunkte wurde ich aufgefordert, das Urteil zu sprechen. Das von mir begründete Recht war eindeutig auf der Seite seiner Mutter, er warf mir aber Parteilichkeit vor. Eine weitere Diskussion war nicht möglich, da er zum Nachmittagsunterricht mußte. Vereinbarungsgemäß sollte ich ihn um 16 Uhr an der Schule abholen und dann zum Arzt bringen. Er wartete aber nicht an der Schule, sondern war bereits nach Hause gegangen. Zu-

hause erklärte er mir dann, der Arztbesuch interessiere ihn überhaupt nicht. Der Blamierte sei ja ich. Das wäre die Rache für mein unfaires Verhalten. Früher hätte ich in dieser Situation mit allen möglichen Repressalien gedroht und ihn zusätzlich geschlagen, nur um den Schein zu wahren. In diesem Fall habe ich das Telefon genommen, den Arzt in seinem Beisein angerufen und die Situation geschildert. Von dieser Handlungsweise war er derart überrascht, daß wir mit den Arztterminen keinerlei Probleme mehr haben.

Die vielleicht wichtigste Erkenntnis für mich war, daß ich wieder zuhören kann. Für die Probleme seiner Mitmenschen entwickelt man dadurch mehr Gespür und Verständnis. Es kommt mir nicht mehr vor, oder ich bemühe mich jedenfalls, bei Konfliktsituationen nicht einfach „darüber zu bügeln". Das wäre zwar sicher die einfachste Lösung, aber auch die schlimmste Art. Durch diese Handlungsweise verschüttet man buchstäblich die Gefühle seiner Mitmenschen. Da darf man sich nicht wundern, wenn die Kommunikation den Nullpunkt erreicht.

Welche Auswirkung hat die Gruppenarbeit auf die Familie?
Probleme hatten wir eigentlich immer nur mit unserem Sohn. Er hat sich ständig zurückgesetzt gefühlt. Das könnte schon zutreffen, denn gemeinsam mit meiner Frau führe ich ein Geschäft, und wir haben dadurch Gelegenheit, uns tagsüber auszusprechen. Wenn wir abends nach Hause kommen, ist die Weltpolitik schon gelaufen, wie man so nett sagt. Wir haben dann mit unserem Sohn über Schulaufgaben, Freunde und allgemein interessierende Themen gesprochen. Diskussionen über irgendwelche Probleme wurden aber recht selten geführt. Dies hat sich total geändert. Unsere Diskussionen spielen sich heute auf einer anderen geistigen Ebene ab. Jetzt fühlt er sich angenommen und verstanden. Unser Verhältnis hat sich vorbildlich entwickelt. Statt Rechthaberei und Hektik, dominieren zuhause Einsicht, Verständnis und Gelassenheit. Früher habe ich

eine regelrechte Unruhe mit nach Hause gebracht und auf die ganze Familie übertragen, heute bin ich der ruhende Mittelpunkt.

Als unser Sohn sich im Urlaub beim Mittagessen, der Speisesaal war mit ca. 300 Personen besetzt, unvermutet und heftig erbrechen mußte, starrten uns 600 Augen teils entsetzt, mitleidig, fassungslos, wütend, aber auch freundlich an. So eine Situation war früher immer ein Alptraum für mich. Wir haben sie aber bravourös durchgestanden. Der Kommentar meiner Frau: „Mein Gott was bin ich froh, daß du an der Gruppenarbeit teilgenommen hast." Das war eigentlich ein Kompliment! Und dieses Kompliment möchte ich dem Institut, Herrn Prof. Dr. Dr. Affemann und der Gruppe widmen.

Sechster Erfahrungsbericht

Meine persönlichen Erfahrungen und Einsichten aus unserer gemeinsamen Gruppenarbeit habe ich in folgende Thesen umgesetzt:

1. Elternhaus, Kindheit, Erziehung, Ausbildung und soziales Umfeld geben dem Menschen sehr früh eine entscheidende Prägung. Der Mensch hat nicht die Möglichkeit, seine Charakterstruktur grundlegend zu ändern. Diese Realität ist zu akzeptieren. Wir müssen zu uns selbst finden, uns selbst treu bleiben, d. h. das eigene Leben in dem Rahmen gestalten und ausschöpfen, den wir erfahren, wenn wir in uns hineinhorchen und uns von anderen Menschen einen Spiegel vorhalten lassen. Kennt der Mensch seinen individuellen Rahmen und somit auch seine persönlichen Grenzen, die er akzeptieren sollte, so reicht seine Lebenszeit wahrscheinlich nicht aus, dieses Feld erschöpfend zu bearbeiten; aber er ist auf dem richtigen Weg – nämlich zu sich selbst.

2. Die kritische Analyse eigener Verhaltensweisen gemeinsam mit anderen Menschen ist ein erfolgreicher und schmerzhafter Weg zur Selbsterkenntnis und somit zur Weiterentwicklung der eigenen Persönlichkeit. Dieser Prozeß sorgt außerdem für eine nachhaltige und andauernde Solidarität der Gruppenmitglieder untereinander. Um wieviel erfolgreicher könnten Unternehmen sein, wenn es mehr Solidarität unter den Mitarbeitern gäbe?

3. Die Teilnahme an der Selbsterfahrungsgruppe ist eine Möglichkeit und Aufforderung zu mehr Selbstentfaltung. Unternehmen, die die Selbstentfaltung ihrer Mitarbeiter wirklich wollen, müssen dies in ihren Zielsetzungen berücksichtigen und durch das Führungsverhalten der Vorgesetzten nicht nur ermöglichen, sondern auch fördern.

4. Die Frage ist das wesentliche Element des Gespräches. Das vorschnelle Urteilen, Werten und Behaupten verschüttet den Weg zum Kern des Problems. Um miteinander reden zu können, muß man lernen zuzuhören. Zuhören heißt, auch die nicht geäußerten Fragen aufzuspüren.

5. Zuhören, fragen, den Du-Standpunkt einnehmen, fordert Kraft, Disziplin und die Bereitschaft, den Mitarbeitern zunächst so anzunehmen, wie er ist. Ist das durchzuhalten? Ja, denn dieses Verhalten motiviert zu gleichem Verhalten bei Mitarbeitern. Daraus erwächst neue Kraft.

6. Der Umgang mit Menschen ist nicht durch das Erlernen von Techniken zu meistern. Zunächst muß man lernen, mit sich selbst umzugehen. Das bedeutet:
   – Abschied von Illusionen über das eigene Können und Wissen, über die eigenen Fähigkeiten.
   – Reale Einschätzung der eigenen Stärken und Schwächen.

- Wiederaufbau des Selbstbewußtseins auf einem soliden Fundament.
- Abstreifen von aufgesetzten und antrainierten Verhaltensweisen, um zur eigenen Authentizität zurückzufinden.

7. Je mehr man selbst bereit ist, Kritik ruhig aufzunehmen und auf sich wirken zu lassen, ohne sofort zu antworten und Rechtfertigungsversuche zu unternehmen, desto mehr erfährt man über sich, weil die Mitmenschen merken, in welcher Art und Weise die Kritik verarbeitet wird.

8. Je mehr Menschen ihre Maske herunternehmen und ehrlich und aufrichtig sprechen, desto sympathischer werden sie.

9. Erfolg hängt von der Fähigkeit ab, die eigene Persönlichkeit stetig weiter zu entwickeln und von ihr bewußt Gebrauch zu machen, die Partner richtig einzuschätzen und sie für sich zu gewinnen, indem man in der Lage ist, ihre Gefühle nachzuvollziehen.

10. Indem wir an Wissen über uns selbst gewinnen, können wir an Sicherheit verlieren.

11. Die Arbeit in der Selbsterfahrungsgruppe führte zu Veränderungen in meinem Verhalten, die ich selbst nicht bemerkt habe, aber von Mitarbeitern spontan geäußert wurden. Einige Aussagen: „Ich hatte noch nie einen Chef, unter dem ich so erfolgreich arbeiten konnte." „Seit einiger Zeit werde ich von Ihnen gerecht behandelt. Früher hatte ich den Eindruck, daß Sie ... bevorzugen." „Ich wünsche Ihnen in der neuen Firma einen Chef, der Ihnen soviel an persönlicher Zuwendung entgegenbringt, wie Sie mir entgegengebracht haben."

12. Die Gruppenarbeit hat mich verändert; ich bin selbstkritischer und realistischer geworden; ich kann mich mehr in Frage stellen, zuhören, besser analysieren und ich begründe Ablehnungen. Spannungen kann ich besser ertragen; ich zügele meine Impulsivität. In mein Verhalten ist mehr Gleichmaß und Geduld gekommen. Dadurch habe ich insgesamt an Unabhängigkeit und Souveränität gewonnen. Von Professor Affemann wurde mir zu Beginn eine „Hans Albers-Mentalität" bescheinigt. Die ist, so glaube ich, weg. Schade? Gut? Ich bin mir noch nicht sicher.

13. Das Nachdenken über die eigenen Gedanken, Gefühle und Verhaltensweisen und die anderer Menschen, hat meine Kommunikationsfähigkeit erhöht und mich zu einem besseren Vorgesetzten gemacht.

Siebter Erfahrungsbericht

Warum habe ich mich gemeldet? Was habe ich von der Gruppenarbeit erwartet?
Eine wichtige Triebfeder meiner beruflichen Entwicklung ist das Erkennen der Grenzen meiner Fähigkeiten. Sobald ich ein übernommenes Aufgabengebiet beherrsche und der Anteil der Routineprobleme das Übergewicht erhält, entsteht deshalb eine Diskrepanz zu meiner Grundeinstellung. Dies führte mich zwangsläufig zu der Fragestellung, ob ich geeignet bin, eine größere Anzahl von Mitarbeitern zum Erfolg zu führen. In der Gruppenarbeit erhoffte ich darauf eine Antwort zu erhalten, die frei von äußeren Einflüssen ist. Zur Methode, über eine Gruppenarbeit die Führungsfähigkeiten zu entwickeln, war ich äußerst skeptisch eingestellt, da für mich Führungserfolg bisher stark von der Intuition des Leitenden und bestimmten betriebswirtschaftlichen Kriterien abhängig war.

Was hat mir die Gruppenarbeit gebracht?
Da die Gespräche in der Gruppe und die Beiträge der einzelnen Mitglieder nicht auf Absichten beruhten, z. B. in dem Wunsch, jemanden belehren oder zu überzeugen zu wollen, wurden sie sehr offen geführt. Mir war es dadurch möglich, trotz inneren Widerstands ganz neuen Denkkategorien einzelner Gruppenmitglieder zu folgen. Eine weitere Erkenntnis war, von welchen Problemen und Ängsten andere Menschen in ihrem Tun und Lassen beeinflußt werden. Neue Zusammenhänge und Schlußfolgerung taten sich auf, die ich bisher nicht kannte. Doch den stärksten Eindruck hinterließ das Erkennen der Kausalität zwischen falschem Führungsverhalten und Gesundheit der Mitarbeiter, und daraus abgeleitet, die hohe Verantwortung des Leitenden. Eine Verantwortung nicht nur für den wirtschaftlichen Erfolg, sondern auch für die Gesundheit und Lebenserfüllung seiner Mitarbeiter.

Eine andere für mich sehr bedeutsame Erkenntnis war, wie durch Fehlverhalten eines Mitarbeiters falsches Führungsverhalten des Leitenden hervorgerufen wird. Nur durch offene Gespräche können mögliche Verhaltensursachen entdeckt werden. Vieles bleibt Vermutung, da letztlich auch die Psychologie nur die Schatten des Lichts erforschen kann. In erster Linie müßten Mitarbeiter, Kollegen, Vorgesetzte, Mitmenschen und meine Familie beantworten können, ob ich durch dieses Erkennen und Erfahren mich in meinem Verhalten verändert habe. Ich kann es nicht eindeutig beantworten. Es lassen sich Verhaltensbeispiele und Problemlösungen anführen, die einen positiven Schluß zulassen. Daraus eine Veränderung der Gesamtpersönlichkeit abzuleiten, wäre zu gewagt. Eine zweijährige Gruppenarbeit kann m. E. die bisherige Lebenserfahrung nur ergänzen, nicht ersetzen. Doch allein der Erkenntnisprozeß, das erweiterte Wissen über Wertvorstellungen bilden eine Basis an der künftig bewußt und unbewußt sich das eigene Verhalten orientiert und an der andere gemessen werden.

Was sollte verbessert werden ?
Dieses neue Orientieren und Messen führt zu inneren Spannungen, die sich auch in körperlichen Beschwerden äußern können. Vielleicht ist es notwendig, die Gruppenarbeit nicht schlagartig zu beenden, sondern einen zeitlichen Übergang zu schaffen. Der einzelne schätzt die Möglichkeiten seines Wirkens als sehr begrenzt ein. Dies kann zur Resignation vor den bestehenden gesellschaftlichen Verhältnissen führen, während er andererseits in seiner engeren menschlichen Umgebung die Chancen zur Veränderung wahrnimmt. Die Gruppen und das Institut sollten gemeinsam versuchen, diese Lücke im offenen Gespräch mit Entscheidungsträgern zu schließen.

Achter Erfahrungsbericht

Bei mir ist es keine Frage, wenn „er" und die Gruppe nicht gewesen wäre, ich wäre in so einen „Stiefel" rein gekommen. Dabei war ich das kleinste Würstchen in der Gruppe. Was sollte ich da, als kleiner Friseur? Gut, zu dem Zeitpunkt als es begonnen hat, war ich Abteilungsleiter eines großen Friseurbetriebes in einem Einkaufszentrum. In meiner Branche war das schon was, aber lange sollte ich der Boss von dem Ganzen nicht mehr sein! Sie waren nicht mehr zufrieden mit mir, obwohl die Zahlen stimmten. Es wurde gemeckert an Kleinigkeiten, und es wurde schikaniert. Meine Bewerbung in ein neues Einkaufszentrum der gleichen Firma wurde von der Sauberkeit einer Kaffeeküche abhängig gemacht. Wenn wir an einem starken Tag 300 Kunden durch diesen „Frisurenapparat" geschleust und bedient haben, dann war halt in der Kaffeeküche ein Saustall. Aber das ging nicht anders, denn wichtig war mir, daß die Kunden zufrieden den Salon verließen. Aber den „hohen Herren" war die Sauberkeit hinter den Kulissen wichtiger als die Zufriedenheit der Kunden. Da gab es Druck von oben, wie immer, und da geht der Druck weiter, rattatattata, ich höre es richtig rattern, bis es den letzten erwischt. Und dabei wird von partizipativem Führungsstil gesprochen, lachen muß ich heute darüber. Also wurde der Laden geteilt und ein zweiter Abteilungsleiter eingesetzt.

Gut, aus heutiger Sicht habe ich manchmal die Zügel schleifen lassen und bin den Weg des geringsten Widerstandes gegangen. Einfach weil ich es jedem recht machen wollte, weil ich niemandem weh tun wollte. Speziell meinen Mitarbeitern natürlich. Denn sie mußten täglich harte Arbeit verrichten, Dienstleistung ist hart! Ich wollte die Balance sein, oft war ich der Puffer zwischen „oben" und meinen Mitarbeitern. Die Quittung bekam ich dafür! Ich weiß, es ist eine lange Geschichte, aber es ist auch eine lange Geschichte, bis man so wird und so weit kommt. Gelingt mir etwas gut, bin ich selbstsicher und zufrieden. Geht etwas nicht so gut, falle ich gleich in den Keller und bin deprimiert bis zur Selbstaufgabe. Ich schreibe das in der Gegenwart, weil es mir manchmal heute noch so geht. Ich weiß, daß das meiste in mir durch Erziehung und die damalige Umwelt entstanden ist. Ich laufe oft vor mich hin und plötzlich wird mir eine Situation aus meiner Kindheit oder Jugend und auch aus dem späteren Leben bewußt, warum ich so geworden bin. Es ist oft schmerzlich, aber auch manchmal heiter. Heiter, weil ich froh darüber bin, daß ich die Dinge erkennen kann, erfahre und erlebe. Ich spüre, ich bin auf dem Weg zu mir. Wenn ich jeden Tag einen Schritt näher zu mir komme, komme ich jeden Tag einen Schritt näher zu meinem Nächsten, zu meiner Frau, zu meinen Kindern, zu allen Menschen.

Zwei Jahre war ich mit Freunden (so muß ich es heute schreiben) zusammen in der Gruppe. Als ein kleiner Mann habe ich einen großen Mann erlebt und bin dadurch selbst ein bißchen größer geworden. Ich will jetzt nicht sagen, es war nur abhängig von ihm. Nein, das Wichtigste von allem ist für mich, er und die Gruppe hat mich auf die Spur gebracht. Und es ist nicht einfach, auf dieser Spur zu gehen.

Vieles bricht auf und ich muß mit mir fertig werden. Die Umwelt leidet darunter, es gibt Schwierigkeiten in der Familie. Ich habe viel mit meiner Frau gesprochen und sie war meist ein verständnisvoller Partner. Ich habe mich aber auch oft gehen lassen und auf den Tisch geschlagen, weil ich ja bei meiner Frau die gleichen Anpassungsfehler machte wie sonst auch. Alles recht machen und niemandem weh tun.

Dazu ein kleines Beispiel:
Als unser erstes Kind geboren wurde, war ich als Abteilungsleiter eines anderen Friseursalons beschäftigt und konnte mir meine Arbeitszeit verhältnismäßig frei einteilen. Übertrieben gutmütig wie ich damals war, stand ich morgens beim ersten Geräusch unseres Sohnes auf, gab ihm das Fläschchen, wickelte ihn und legte ihn wieder ins Bett. Danach richtete ich mich und ging ins Geschäft. Und das Ganze tat ich recht oft. Was für ein Trottel war ich da! Ich helfe meiner Frau heute noch, inzwischen haben wir drei Kinder, aber ich sage heute, wenn ich etwas nicht tun will, bzw. tue es einfach nicht von selbst. Sie ist deswegen nicht böse, denn auch für sie war und ist es eine Erfahrung.

Ich habe jetzt viel von mir erzählt, und wenig von dem, was mit mir passiert ist, oder warum ich heute solche Gedanken habe. Zwei Jahre sind wir zusammengesessen. Jeder sprach einfach drauf los und schüttete aus, was ihn in sich beschäftigte. Ich merkte, wie es mir immer leichter wurde, egal ob ich zuhörte oder selbst erzählte. Jeder erfuhr durch den anderen und mit dem anderen sich selbst. Von mal zu mal ging es auch offener und freier zu. Ich wurde irgendwie geweckt und merkte Bewegung in mir. Ich fuhr jedesmal froh und erleichtert nach Hause. Es war auch oft wie ein Kraftschöpfen. Als die zwei Jahre vorbei waren, spürte ich, daß etwas in Bewegung gekommen ist.

Heute bin ich Unternehmensberater für Friseure. Ich hätte mir das nie zugetraut, wenn ich die Gruppenerfahrung nicht gemacht hätte. Ich bin stärker geworden und weiß, welchen Weg ich weiter einschlagen muß: Mich selbst erfahren und Persönlichkeit werden. Es ist mir klar, daß der Weg nie enden wird. Die Erfahrung in der Gruppe kommt mir in meiner neuen Tätigkeit direkt zugute.

Hier ein Beispiel:
Vor kurzem saß ich mit einem Ehepaar bis Mitternacht zusammen, und in einem tiefgehenden Gespräch (das ich nicht bewußt ausgelöst hatte) stellte sich heraus, daß durch die Überlastung bei der Unternehmensführung keine Zeit mehr übrig bleibt, um irgendwelchen persönlichen Interessen oder Hobbies nachzugehen. Als ich dann vorschlug, jeder von beiden solle doch einfach wenigstens einmal in der Woche tun, was sie jeweils so aus dem Innersten am liebsten machen würden, bekamen beide große Augen und freuten sich über den Rat. Erst dann würden sie beide wieder mehr Kraft für die tägliche aufreibende Arbeit bekommen. Dem Inhaber war es nicht möglich, klare Mitarbeitergespräche zu führen. Teilweise aus innerer Unsicherheit heraus, so daß die Gespräche meist zum falschen Zeitpunkt geführt wurden und dann in einer Atmosphäre der angestauten Hektik und Aggression nicht fruchtbar waren.

Ich will damit sagen, daß ich in der Gruppe gelernt habe, wo das richtige Maß der Dinge liegen sollte und freue mich, wenn ich Menschen aus meiner eigenen Erfahrung berichten und Ratschläge geben kann. Was man selbst erfahren hat und immer noch erfährt, kann man ganz anders weitergeben.

Neunter Erfahrungsbericht

Ein paar Jahre vor Beginn der Gruppenarbeit war eine berufliche Aufgabe danebengegangen, bei der es auf Persönlichkeit ankam. Dieses Ereignis hat mich die ganze Zeit immer wieder beschäftigt. Es wurde mir klar, daß es viel auszuräumen und zu klären gab. Mit der Teilnahme an der Gruppenarbeit erhoffte ich mir, dabei ein Stück voranzukommen.

Heute
Der interessierte Leser wird, wie ich es bei Gesprächspartnern erlebt habe, sehr rasch fragen, wo sich eine Veränderung vollzogen hat und wie sie sich auswirkt. Und vielleicht auch, ob eine positive Wirkung von Dauer ist, soweit man das aus dem Abstand heraus beurteilen kann. Hat sich der Einsatz gelohnt? Ich habe kein Tagebuch geführt in dieser Zeit, das ist schade. Nicht wegen einzelner Begebenheiten, die ich vielleicht hätte notieren können, sondern wegen der Herausforderung zur Stellungnahme, zur Wiedergabe von Stimmungen und Gedanken. So kann ich kaum mit Einzelereignissen aufwarten, Spektakuläres wäre ohnehin nicht zu berichten. Mein persönlicher Lebensraum ist in seinen Elementen Familie, Freunde, Arbeitswelt ziemlich unverändert geblieben, die Beziehung dazu hat sich jedoch geändert.

Ich erfahre mich heute freier, gelassener und wohl auch stärker als zuvor. So kann ich mehr belastende Aufgaben annehmen und verarbeiten, aber auch nein sagen, wenn es zuviel wird. Die mir wichtigen Beziehungen empfinde ich intensiver und tragfähiger. Ich meine, daß ich an Mut und Unternehmungsgeist hinzugewonnen habe. Aber Mut und Kraft habe ich noch nicht in dem Maße, wie ich es mir wünsche. Daran will ich weiterarbeiten.

Ich stehe in einem anderen, bewußteren Verhältnis zu meiner Zeit. Am besten trifft noch die Beschreibung, daß ich mich „in der Zeit fühle". Etwa dann, wenn ich gelegentlich mit der Bahn zur Arbeit fahre. Obwohl ich dabei länger unterwegs bin, ist dieses Unterwegssein meine Zeit. Mit dem Auto ist mir Vergleichbares noch nicht vorgekommen, jene zwanzig Minuten sind verlorene Zeit. Unabhängiger und ungezwungener bin ich geworden, mit jungen Leuten komme ich gut zurecht. Darüber hinaus gibt es viele Empfindungen, die ich einfach bewußter und wacher wahrnehme, an dieser Stelle jedoch nicht beschreiben möchte. Änderungen der Seinsweise, der Einstellungen gehen den ganzen Menschen an, sie lassen sich nicht auf seine Arbeitnehmereigenschaft begrenzen. Aber gewiß wirken sie auch am Arbeitsplatz. Nach meinem Empfinden habe ich dort genauso an Substanz gewonnen, bei allem Vorbehalt, denn eine Aussprache hierüber fand nie statt.

Ich übe keine leitende Tätigkeit aus, traue sie mir aber für einen überschaubaren Rahmen zu. Im Beruf finde ich tatsächlich Selbstverwirklichung, aber nicht die ausschließliche. Soviel Reserve muß mir noch bleiben, daß ich mich auch anderen Dingen mit Eifer und Interesse zuwenden kann, das gehört auch zum Leben. Wenn ich mich in einer Führungsposition befände, wollte ich mit Festigkeit und Engagement versuchen, im Spannungsfeld zu vermitteln, das aus Leistungserwartung einerseits und Leistungserfüllung andererseits besteht. Es wäre mein Erfolg, wenn ich dann spürte, daß, bei aller gebotenen Distanz, meine Mitarbeiter mich als Vorgesetzten wählen würden.

Rückblende
Eine gewisse Gruppenerfahrung hatte ich bereits durch die Teilnahme an ähnlichen Veranstaltungen dieser Art. So ging es mir anfangs etwas zu zögernd voran. Es war schon eine spürbare Scheu vorhanden, auszupacken, sich zu offenbaren. Einer der ersten Schritte ist wohl, das „man" in irgendwelchen Aussagen durch „ich" zu ersetzen. Dann wird es schnell konkret: Nicht mehr irgendeiner berichtet eine Erfahrung, sondern derjenige, der gerade spricht, und er steht dahinter.

Der Gesprächseinstieg begann meistens mit Problemen und Erfahrungen aus der Arbeitswelt, wie überhaupt dieses

Thema das zentrale war. Durch das zunehmende Vertrautwerden miteinander war es dann aber genauso möglich, sehr persönliche Schwierigkeiten, Ängste und Enttäuschungen einzubringen. Wir haben dabei voneinander erfahren, daß gerade die offenbarten Schwächen nicht zu der befürchteten Ablehnung führten, sondern im Gegenteil, zu einem Angenommen-Sein. Dieses Annehmen gab Wärme und Vertrauen. Auf solcher Basis konnte dann auch Kritik stattfinden, entschiedenes Zurechtrücken von falschen Vorstellungen, aber auch Ermutigung. Und der Betroffene fand Halt dabei und Verständnis, nicht etwa Ablehnung. Ehrlichkeit war gefragt, Ehrlichkeit zu sich selbst. Da gab es keinen Grund mehr, sich weiter in die Tasche zu lügen, wie das sonst zum Alltag zu gehören scheint. Und keiner kam sich schlecht dabei vor, sondern gut und in Ordnung.

Wie Kletten hängen noch die Erziehungsimperative an uns: Wenn du dies nicht tust und jenes nicht kannst, bist du nicht in Ordnung, bist ausgeschlossen, ungeliebt. Zäh, elend zäh lösen sich die Kletten und machen dem neuen Selbstverständnis Platz: Es genügt, Mensch zu sein; Arbeit, Mühe, Leistung kommt danach. Dem einen oder anderen wurden die Verletzungen offenbar, die ihm in seiner Jugend zugefügt wurden. Es tut weh, manchmal zu merken, wie wenig weit man trotz aller Anstrengung bisher gekommen ist. Vielleicht ist es wie nach einem Unfall – die Zeit heilt Wunden und bildet Narben, selten wird etwas nachwachsen. Ich weiß, wovon ich schreibe, ich bin Betroffener. Die Beschäftigung mit sich selbst und das betroffene Miterleben von Erfahrungen und Schwierigkeiten der anderen setzt Prozesse und Stimmungen in Gang, die vorher versteckt und verkrustet waren. Solche Prozesse können sich auch in Träumen äußern, die dann eine verschlüsselte Botschaft an uns selbst darstellen. Zwei meiner Träume waren so intensiv, daß ich morgens wie durchgeschüttelt aufwachte und sie mir auch heute noch in allen Einzelheiten gegenwärtig sind. Sie haben mir ein Bewußtsein verschafft von der weiblichen Seite in mir und von meiner Selbstdarstellung gegenüber anderen Menschen.

So wie sich ein Gruppenteilnehmer selbst neuer Erfahrung aussetzt, ist auch das Verhältnis in seiner Lebensgemeinschaft Belastungen ausgesetzt. Es irritiert den Partner, wenn er miterlebt, wie sich Stück um Stück eine bisher wohlbekannte Haut ablöst und eine andere zutage tritt. Der Kontakt miteinander wird dabei zuweilen entschiedener und rauher. Manches von dem, was bisher den rücksichtsvollen und behutsamen Umgang ausgemacht hat, stellt sich als das heraus, was es schon immer war – die Angst vor der eigenen Verletzlichkeit. Daß ein Partner sich zu seinem Vorteil entwickelt, ist nicht gleichzusetzen mit Nachteil für den anderen. Ich meine, es ist mehr Chance darin als Risiko. Bei uns allen stellte sich ein Gespür ein für die Unehrlichkeiten, die in unserem Umfeld auftraten. Wieviel mühsam kaschierte Schwächen sind da zu sehen, Heuchelei, Eitelkeiten, Arroganz. Wieviel Menschen doch, sich selbst und andere quälend, in Zwangskarrieren verstrickt sind. Aber im übrigen natürlich voll im Leben stehend, geradezu hoffnungslos gesund.

Gleichzeitig wuchs aber auch unsere Unduldsamkeit dem gegenüber, irgendwie baut sich da ein Widerstand auf und eine gewisse Stärke. Damit können wir auch mal Flagge zeigen, jemandem die gezinkten Karten aus dem Ärmel ziehen. An der Stelle erkennen wir auch die Grenzen unseres Handlungsspielraums. Sie sind vordergründig bestimmt durch die realen oder vermeintlichen Rücksichtnahmen auf die Sicherheit des Arbeitsplatzes. Hintergründig aber sind sie bestimmt durch unsere persönliche Substanz, durch das was wir sind, uns zutrauen, darstellen. Kneifen ist immer die einfachste Lösung. Gute Argumente hat jeder, sogar sackweise. Und noch was fiel mir auf, immer waren es Männer, mit denen wir uns auseinanderzusetzen hatten. Vielleicht läßt es sich mit Frauen wirklich einfacher und menschlicher leben. Gewiß würde es sich lohnen, darüber ein paar Seiten lang nachzudenken.

Ausblick
Es ist nicht einfach, auf wenig Raum meine Lebenssituation aufzuzeichnen. Da erhält das eine oder andere vielleicht zuviel Gewicht, manches bleibt ungesagt, etwa die Konsequenzen aus vielen Einsichten. Vor allem aber ist es nur eine Momentaufnahme, wie ein Einzelbild aus einem kurz angehaltenen Film. Ich habe viele Möglichkeiten an mir erkannt, denen möchte ich nachgehen. Und ich stehe in einer Verpflichtung, das soziale Engagement, das ich an mir erfahren habe, aufzugreifen und weiterzugeben. Es ist gut für mich, offen zu bleiben und neugierig; festhalten lähmt. In meinem Film bin ich der Hauptdarsteller, aber das Drehbuch schreibe ich nicht allein.

Zehnter Erfahrungsbericht

Seit meiner frühen Jugend bin ich auf der Suche, einmal eine Persönlichkeit zu werden. Ich stellte immer wieder fest, daß die Personen in meinem Umkreis, ob Vater oder Mutter, ob Großvater oder Großmutter, nur bedingt Persönlichkeiten waren. Bei den geringsten Problemen gerieten sie außer sich, und es gab einfach Krach. Ich glaube heute, keiner wußte überhaupt, was der wirkliche Grund war. Vor allem ging es nie nur um diese Sache, bei der es anfing. Nein, es weitete sich aus auf allerlei Dinge, die einmal nicht richtig gemacht wurden. Vor allem wurden immer wieder alte Kamellen neu aufgewärmt. Dieses Verhalten stellte ich auch später in den Firmen fest. Mit den Fehlern wurden die anderen klein gehalten. Ich hatte aber auch dieses Verhalten. Vor allem war ich immer beleidigt. Durch meine Vertriebstätigkeit lernte ich immer mehr Personen kennen, die vom Typ her sehr unterschiedlich waren. Ich selbst fand meine Anerkennung, indem ich machte, was die anderen von mir wollten. Ich war ein 100%-Anpasser, und so stieg ich in der Hierarchie aufwärts. Ich hatte schon immer ein Problem, mit wem kann man seine Dinge besprechen, der aber auch gleichzeitig kompetent ist, um einem gewisse Vorgänge klar zu machen. Ich war immer allein! In dieser Situation stieß ich auf die Möglichkeit der Selbsterfahrungsgruppe.

Was habe ich von der Gruppenarbeit erwartet?
Daß ich meine Probleme einbringen kann, sie offen aussprechen darf und daß sie vertraulich behandelt werden. Probleme, die ich insbesondere mit meiner Familie, meinen Mitarbeitern, Vorgesetzten und Nachbarn habe. Daß ich auch mal die Probleme anderer höre, mit meinen vergleichen kann, abwäge mit den Dingen, die mich beschäftigen und mit der Gruppe ausdiskutiere. Einfach dann dazu meine Meinung sagen kann, ohne daß es mir gleich krumm genommen wird oder gar nachteilig für mich ist. Daß andere an mir arbeiten und sagen, wo ich falsch gewickelt bin. Daß ich lerne, mit starken Persönlichkeiten umzugehen, und sie ertragen kann. Daß ich lerne, starke und schwache Persönlichkeiten mehr und mehr zu erkennen und auch lerne, mit solchen Personen umzugehen.

Was hat die Gruppenarbeit gebracht?
Zuerst eine harte Auseinandersetzung mit mir selbst. Ich bin innerlich manchmal fast verbrannt. Dann die Auseinandersetzung mit der Familie und in der Firma und den Nachbarn. Eine Auseinandersetzung mit anderen, wo ich z.T. nicht mehr wußte, was ich getan habe. Ich lernte aber mich mehr und mehr verstehen, was da abläuft. Ich lernte zu trennen zwischen den Sachproblemen und den menschlichen Problemen. Ich wurde einfach anders. Die Angst gegenüber den Menschen verflog. Ich setzte mich mit den Forderungen der anderen Personen positiv auseinander; ich akzeptierte nicht mehr, nur um anerkannt zu werden. Ich versuche heute, keine faulen Kompromisse einzugehen. Ich sage nicht mehr „ja, ja", nur um einer Diskussion aus dem

Weg zu gehen. Ich will nicht mehr ankommen um jeden Preis. Ich wäge mehr ab. Ich bin stärker geworden und bin meiner Stärke gefühlsmäßig mehr bewußt. Ich konnte mit meinem Nachbar die Grenzstreitigkeiten nachbarschaftlich lösen. Und das war hart. Ich brauche nicht mehr lügen. Ich kann mehr und mehr meine Meinung sagen und in einer Form, daß sie von den anderen zumindest angenommen wird. Ich bin auch mehr und mehr in mir drin, drinnen in meinem Körper, daß ich ihn immer voll spüre. Früher war zwischen mir und meiner Hülle immer eine Differenz. Einmal zu groß aufgeblasen und dann zu lasch, so daß es in mir schlapperte.
Ich bin insgesamt wacher geworden.
Ich kann besser zuhören.
Ich kann die anderen besser verstehen.
Ich sehe besser.
Ich habe mehr Geduld.
Ich fühle mich dem Ganzen mehr und mehr gewachsen.
Ich habe fast keine Angst mehr vor hohen „Viechern", nur noch Lampenfieber.
Ich fühle mich auch in anderen Gegenden mehr und mehr nicht mehr fremd.
Ich kann offener mit den anderen reden.

Was ist das Hilfreiche dieser Art von Gruppe gewesen?
Die Gruppe war ein idealer Sparringspartner für mich. Ich habe die Stärken und die Schwächen anderer Männer kennengelernt. Ich erkannte, daß ich manche Probleme überbewertete. Ich bekam offene, aber ehrliche Meinungen über mich zu hören.

Womit bin ich nicht zufrieden?
Die Zielsetzung kam mir zu ungenau heraus. Diese Zielsetzung muß auch öfters vergegenwärtigt werden, damit sie einem immer bewußter wird. Es wurde für meinen Begriff zu wenig tief gefurcht. Das Unkraut wurde nicht sorgfältig genug herausgegraben. Die Gruppenarbeit ist auf den ganzen

Menschen auszudehnen. Sex, Familie ist zu wenig behandelt worden. Wie kann man denn draußen ein Mann sein, wenn ich zuhause ein Zwerg bin? Wer will eigentlich eine „Führungspersönlichkeit" werden und was für eine? Wie geht es weiter? Ist für den einzelnen nicht zu wenig Rückhalt da, um weiter zu machen?

Elfter Erfahrungsbericht

Nichts bleibt ohne Wirkung!
Meine bisherigen Zweifel, daß angesichts der täglichen Informationsflut geschriebene Worte noch überhaupt etwas bewirken könnten, wurden durch meine eigene Erfahrung entkräftet. Ich hatte ich vor vier Jahren eine berufliche Tätigkeit als Planungsingenieur und Gruppenleiter unterbrochen, um mich als stellvertretender Vorsitzender einer neu aufzubauenden Betriebsratsarbeit zur Verfügung zu stellen. Um auf die Dauer nicht der Gefahr eines Funktionärstums zu erliegen, habe ich meinen Einsatz auf zwei Wahlperioden, das sind sechs Jahre, begrenzt. Für die damals noch verbleibenden zwei Jahre und den anschließenden Wechsel zur fachlichen Berufstätigkeit schien mir die Möglichkeit, in einer Gruppe über mich selbst nachzudenken und zu sprechen, hilfreich. Ich bewarb mich und war überrascht, gleich beim Vorstellungsgespräch eine Zusage bekommen zu haben. Ich verpflichtete mich, zwei Jahre lang wöchentlich zwei Stunden mitzuarbeiten. Diese Kontinuität erwies sich im Verlauf der Zeit als notwendig und hilfreich zugleich.

Zunächst wurde ich ganz klein, als ich von den anderen Gruppenmitgliedern erfahren habe, was diese schon alles geschafft und zu welchen Positionen sie es gebracht haben. Doch dieser Eindruck wurde mit der Zeit relativiert, als deutlich wurde, welcher Preis vielfach dafür eingesetzt werden mußte. Da ich von Haus aus kein aktiver Gesprächspartner bin, war mein wesentlicher Anteil der des Zuhörens und Anteilnehmens. Diese Stärke wurde allerdings dann zur Schwäche, wenn ich zwischendurch im Schutz der Gruppe untertauchte. Der Leiter verstand es jedoch, mich herauszufordern, und ich hatte dann den Ansporn, mich mehr in die Gruppe einzubringen. Meine Schwierigkeit war und ist es nach wie vor, meine gelebten Ideale überzeugend darzustellen. So habe ich meine Persönlichkeit voll eingebracht und vielleicht auf andere Art in die Gruppe hineingewirkt. Aber auch die Außenwirkung ist unverkennbar. Spannungen zu meinem Kollegen im Betriebsratsvorsitz, die durch Bevormundung einerseits und Konkurrenzgefühl andererseits bedingt waren, konnte ich durch ein offenes, selbstbewußtes, aber auch wohlwollendes Sprechen und Handeln überwinden. Durch die daraus resultierende Klimaverbesserung profitierte unser ganzes Betriebsratsgremium in seiner Arbeit.

Eine Frucht unserer Gruppenarbeit war, daß ich mich entschließen konnte, in einer kleinen Broschüre des Instituts Mensch und Arbeitswelt meine Erfahrungen als Arbeitnehmervertreter zu berichten. Mannigfaltige Auswirkungen hatten unsere Gespräche und die Kurskorrekturen des Leiters auch auf den Alltag in der Familie und im gesellschaftlichen Umfeld. Sehr wertvoll war unser Treffen der Gruppenmitglieder, welches das Verständnis für den anderen verbesserte. Was mich allerdings betrübte, war, daß wir trotz des tieferen Wissens vom anderen innerhalb der zwei Jahre zu keiner intensiveren persönlichen Beziehung gekommen sind. War die räumlich weite Entfernung der einzelnen, der Standesunterschied oder meine unterbliebene Initiative Grund für dieses von mir empfundene Manko?

Auch Zweifel am Nutzen unserer Gruppenarbeit tauchten auf. Ich mußte mich fragen, was eigentlich ich zum Wachsen des einzelnen in der Gruppe beigetragen habe. Ich hatte trotz Not durch Vertreibung aus der Heimat und den frühen Tod meines Vaters den Vorteil einer harmonischen

Jugend. Diese war zudem geprägt durch persönliche Vorbilder, denen ich in der Pfadfinderbewegung beggnen durfte. So entwickelte sich bei mir eine gelebte Wertordnung, die mehr durch Haltung, Treue und Wahrhaftigkeit als durch Beredsamkeit geprägt war. Dies scheint vordergründig gesehen, ein wenig „erfolgreicher" Weg zu sein. Die sozialen Engagements wurden mit meinem zunehmenden Alter resonanzlos. Das Gefühl des erfolglosen Einsatzes (z. B. „ich komme nicht an, ich verändere nichts") führten zur Resignation. So sagte mir ein Gruppenmitglied auf den Kopf zu: „Sie sind zu farblos für mich, nicht heiß und nicht kalt!"

Was ich gelernt habe, ist gelassen zu sein, wenn etwas nicht lös- oder machbar ist. Es wurde mir wieder neu bewußt, daß mein Dasein ohne Rückbezug zum Glauben wenig Hoffnung und Sinn hat. So sehe ich die Frage, was mir diese beiden Jahre gebracht haben (HABEN!) nur sekundär. Mein Beitrag war das hoffentlich überzeugende Dasein, Anteilhaben und Zuhören (SEIN!). Es war ein gemeinsames Stück Weggeleit, ein Dienst, den wir uns zu einer besseren Entfaltung geben durften. Wenn sich zwischenzeitlich der Übergang von meiner sechsjährigen Betriebsratstätigkeit in eine Führungsaufgabe schwierig gestaltet, liegt es mit daran, daß ich fachlich fast wieder ganz neu anfangen mußte. Ich habe diese Herausforderung mit meinen 48 Jahren bewußt angenommen, da ich glaube, daß dieser Neubeginn ein weiterer Schritt zur Reifung sein wird.

Zwölfter Erfahrungsbericht

1. Vorbemerkung
Ich war Ende dreißig und seit mehreren Jahren in einer leitenden Position einer kommunalen Verwaltung einer Mittelstadt tätig. Schwierigkeiten in der Zusammenarbeit mit dem Vorgesetzten, den Mitarbeitern und dem Gemeinderat begann ich mehr und mehr belastend und bedrückend zu

empfinden. Hinzu kam die Erfahrung, als Mann und als Vater wegen häufiger beruflich bedingter Abwesenheit aus der eigenen Familie ausgeblendet zu werden. Ich lief Gefahr, unter Berufung auf meine verantwortungsvolle Tätigkeit mich mit dieser neuen Lage abzufinden, während meine Frau und meine Kinder gegen meine innere und äußere Abwesenheit von der Familie opponierten. In dieser Phase innerer Unsicherheit und wachsender Unlust in meinem Beruf sowie immer größer werdender Entfremdung von der Familie begann meine Mitarbeit in der Selbsterfahrungsgruppe. Über eine persönliche Mitteilung hatte ich davon erfahren. Mein Entschluß zur Teilnahme war von der Erwartung bestimmt, gelassener zu werden, mehr Distanz zu meinem Beruf zu gewinnen und wieder zu meiner früheren Offenheit und Heiterkeit zurückzufinden. Ich wollte wieder ohne Druck arbeiten und leben können.

2. *Auswirkungen der Gruppenarbeit*
Die Selbsterfahrung in der Gruppe löste in mir nach längerer Zeit Entwicklungen in mehrere Richtungen aus, die ich kurz vorstellen möchte.

2.1 Persönlichkeitsbezogene Entwicklung
Nach anfänglichen Hemmungen, mich zu öffnen und mich mit meinen Gefühlen über Erfahrungen und Erlebnisse den andern mitzuteilen, begann ich zu begreifen, daß mein berufliches Überengagement aus einem Verantwortungsgefühl heraus genährt wurde, das nicht von der Sache her zu begründen war. Es wurde von der Angst bestimmt, vermeintlichen Erwartungen anderer (Vorgesetzter, Mitarbeiter oder Gemeinderäte) nicht zu genügen. Ich spürte aus den Gesprächen mit den Gruppenmitgliedern, wie sehr ich mich ständig mit selbstgesetzten Arbeitsmaßstäben überforderte und dadurch der Gefahr unterlag, den Überblick zu verlieren. Dies machte mir solche Angst, daß ich nur noch um meine Arbeit kreiste und weder in der Familie noch in der Freizeit richtig abschalten konnte. Ich entdeckte nach und

nach, daß mein Verhalten zwangsläufige Folge meiner Erziehung war, die mich in die Rolle eines Mustersohnes zwang, der sich als ältester für alles und jedes verantwortlich zu fühlen hatte. Aber diese Erkenntnisse allein bewirkten noch lange keine Veränderung zu mehr Gelassenheit, innerer Unabhängigkeit und größerer Distanz zu meinem Beruf. Durch die Gruppengespräche wurde mir klar, daß ich die neuen Erfahrungen nicht wahrhaben wollte und mit aller Macht verdrängte, um mich nicht umstellen und ändern zu müssen. Immer deutlicher spürte ich, wie schwer es ist, innerlich ein anderer zu werden; ich konnte es nicht, ich war zu verstockt und zu verkrampft. Ich glaube, daß diese Schwierigkeit, mich auf eine Änderung richtig einzulassen, zum weitaus größten Teil auch darin begründet war, daß ich mir einfach zu wenig Zeit genommen habe, die Erlebnisse und Erfahrungen aus der Gruppenarbeit in mir wirken zu lassen. Heute weiß ich, daß dies die Unfähigkeit erzeugte, Stille und Nichtstun zu ertragen und mich aus dem ständigen Kreisen um Beruf und Karriere zu lösen.

Mitten in diese Situation platzte nach heftigem beruflichem Ärger mein körperlicher Zusammenbruch. Ich bin davon überzeugt, daß dieser schwere und unerwartete Einschnitt in meine bisherige Arbeit ganz wesentlich dazu beigetragen hat, mich aus dem verhängnisvollen Kreislauf herauszureißen, dem ich mich nicht zu entziehen vermochte. Dadurch wurde in mir eine Art „Aha-Erlebnis" ausgelöst, das zur Besinnung führte und kleine Schritte des Anderswerdens ermöglichte. Sie äußerten sich darin, daß ich nicht mehr wie früher Zeitungen und Bücher verschlang oder den kommunalen Teil der örtlichen Tagespresse nur mit Angst vor mutmaßlicher Kritik an meiner Arbeit aufschlagen konnte. Meinen Terminkalender füllte ich nicht mehr randvoll mit Terminen an. Jetzt konnte ich mir den gewonnenen Freiraum für meine Familie nehmen, die mich schon beinahe abgeschrieben hatte; aber vor Rückfällen bin ich auch heute noch nicht sicher, doch immerhin ohne Ausreden.

Wenn Persönlichkeitsänderung hin zu mehr Reifung so schwierig ist, sind zwei Jahre Gruppenarbeit wenig Zeit. Änderungen vollziehen sich nur ganz langsam, fast unmerklich. Das Ausbleiben rascher Ergebnisse enttäuschte mich anfangs sehr; Geduld und Wartenkönnen waren noch nicht meine Stärke. Doch entdeckte ich, daß ich mich mehr als vorher annehmen konnte, so wie ich war. Ich wurde mit mir zufriedener; diese Erfahrung dauert auch nach dem Abschluß der Gespräche in der Selbsterfahrungsgruppe an, trotz mancherlei Rückfällen in früheres Verhalten.

2.2 Mitarbeiterbezogene Entwicklung

Eine bessere Zusammenarbeit mit meinen Mitarbeitern konnte ich bald feststellen; überraschenderweise fiel es mir leichter, die Einstellung zu meinen Mitarbeitern zu ändern als eigene Fehlhaltungen aufzuarbeiten. Zielstrebiger als früher werden Probleme gemeinsam besprochen, die Alternativen herausgearbeitet und die Lösungswege entschieden; ich erteile klare Bearbeitungsaufträge und lasse vorgeschützte Belastung nicht mehr ungeprüft gelten. Ich fordere von meinen Ämtern und Dienststellen, daß die übertragenen Aufgaben schnell und umfassend erledigt werden. Ich bin jetzt nicht mehr bereit, jeden Klagen nach Arbeitsentlastung nachzugeben und gutmütig Rücksicht zu üben, um als verständiger und rücksichtsvoller Chef zu gelten. Mein Durchsetzungsvermögen ist stärker und nachdrücklicher als früher geworden; die damit verbundenen Enttäuschungen bei meinen Mitarbeitern kann ich jetzt aushalten und durchstehen.

Es ist mir wichtig geworden, zu meinen Mitarbeitern ein offenes und klares Verhältnis zu finden. Ich setze mich für sie ein, wenn es um Beförderungen geht; ich sage aber auch deutlich nein, wenn die Voraussetzungen dafür nicht vorliegen – nicht ohne im persönlichen Gespräch zu erläutern, wo Verbesserungen notwendig sind. Mein Verhältnis zu den Mitarbeitern ist von Offenheit bestimmt, Unzulänglichkeiten beim Namen zu nennen und deutlich Kritik zu üben, wenn es sein muß. Ängstliches Taktieren im Umgang mit Mitarbeitern findet nicht mehr statt. Heute bin ich in der Lage, offen Fehler zuzugeben und auch hinzuhören, wenn Mitarbeiter mich auf Versäumnisse oder Schwierigkeiten aufmerksam machen; ich lasse mir etwas sagen, ohne dabei das Gefühl zu haben, an Autorität zu verlieren. Anfängliche Ängste davor verlor ich mit Hilfe von mitdurchlebten Erfahrungen in den Gesprächen meiner Selbsterfahrungsgruppe: Ich erhielt den Mut, einen Anfang zu wagen. Diese neugewonnene Fähigkeit führte zu einem besseren Zusammenarbeiten; es äußert sich in einem umsichtigeren, vertrauensvolleren und mitfühlenderen Umgang miteinander. Das Arbeiten macht allen mehr Freude und schafft mehr Zufriedenheit. Dies strahlt auch auf meinen persönlichen und familiären Bereich aus. Meine Frau und meine Kinder geben zu, daß ich ruhiger geworden bin und nicht nur mehr mit meiner Arbeit beschäftigt bin. Ich bin wieder mehr als ganzer Mensch auch mit meinen Gefühlen und nicht nur körperlich zu Hause anwesend. Dies war ein wohltuender Gewinn für mich und meine Familie.

2.3 Aufgabenbezogene Entwicklung
Gegen Ende der zweijährigen Gruppenarbeit wurde mir bewußt, daß ich mich weniger als früher verzettelte. Ich spürte auch sofort, wenn ich mich in einfache Routinearbeiten zu stürzen drohte, die nur von einem noch ungelösten und lästigen Problem ablenken sollten. Wenn ich mich auch heute noch manchmal vor den schwierigen Problemen drücke (darin besteht ja letzten Endes die Flucht in die Routine), so kann ich diese Erkenntnis nicht mehr erfolgreich verdrängen.

Es gelingt mir jetzt besser, Schwerpunkte richtig zu setzen; ich glaube, daß dies eine Folge davon ist, in den Gruppengesprächen mehr Klarheit über den eigentlichen Inhalt einer Führungsaufgabe gewonnen zu haben. Schwerpunkte richtig zu setzen, also das Wesentliche vom Unwesentlichen richtig unterscheiden zu können und darin den Wesenskern wirklicher Führung begreifen zu lernen, war eine wichtige Entdeckung für mich. Die zahlreichen Erfahrungen der anderen Gruppenmitglieder, deren Gefühle und Empfindungen ich bei der Schilderung der einzelnen Erlebnisse erneut mitvollziehen, mitleiden und nachleben konnte, öffneten mir die Augen für die Ursachen, weshalb ich mich so hartnäckig in Kleinigkeiten und Nebensächlichkeiten verbiß. Bisher glaubte ich, den an mich gestellten Anforderungen und Erwartungen gerecht zu werden, wenn ich bürotechnisch exakt Arbeitsanweisungen diktierte oder kleine Routinekontrollen selbst durchführte und dadurch Aktenberge abtrug – ein unübersehbares Zeichen für hartes Arbeiten, das ein Erfolgserlebnis vermittelte. Jetzt erkannte ich, daß das Herausarbeiten von Schwerpunkten und das Gewinnen des richtigen Überblicks – obwohl nicht sofort sichtbar – die viel entscheidenderen und wesentlicheren Merkmale einer wirkungsvolleren Führung darstellen. Dies setzte voraus, genügend inneren und äußeren Abstand zur eigenen Arbeit zu gewinnen – eine Aufgabe, die mir anfangs sehr schwer fiel.

Ermutigt durch die vielen Beispiele aus den Gruppengesprächen, gelang mir das Wegkommen von der zwanghaften Vorstellung, alles selbst erledigen zu wollen; abgesehen von der Arbeitsüberlastung wurde mir deutlich, daß ohne sinnvolle Arbeitsteilung eine zielorientierte Führung nicht gelingen konnte. Das Verarbeiten der Erfahrungen der Gruppenmitglieder half mir dabei, besser und gezielter zu delegieren, angemessen zu kontrollieren und soweit wie möglich Verantwortung zu übertragen. Der dadurch gewonnene Freiraum hat mir viel von dem Druck genommen, der früher auf mir lastete. Auch meine Mitarbeiter haben mehr Freude an der Arbeit, weil sie Wichtiges eigenverantwortlich erledigen können. Das hebt ihr Selbstwertgefühl und gibt ihrer Arbeit mehr Sinn.

3. Zusammenfassung

Bei Beginn der Gruppenarbeit hatte ich Erwartungen, die fast durchweg nur berufsbezogen waren. Ich wollte wirkungsvoller führen lernen. Im Laufe der Gruppenarbeit, insbesondere nach meiner Krankheit, habe ich gespürt, daß das Führen ausnahmslos von der dahinterstehenden Persönlichkeit geprägt ist. Die ganze Persönlichkeit ist daran beteiligt, wenn sie führt; sie läßt sich nicht aufspalten in zwei Personenteile, die unabhängig voneinander in Beruf oder in persönlichem Bereich wie Familie oder Freizeit wirken können. Deshalb ist ein nur eindimensionales Aufarbeiten von Mängeln im Beruf nicht erfolgreich genug, wenn sich die gesamte Persönlichkeit nicht zu mehr Reife weiterentwickelt. Ich erkannte, weshalb Führungsseminare, an denen ich früher teilgenommen hatte und die sich über drei Tage hinweg mit der Vermittlung von Wissen und Techniken befaßten, mir nicht die erhofften Hilfen bringen konnten. Sollte das Führen besser werden, durfte sich die Selbsterfahrung nicht nur auf den Beruf beziehen, sondern mußte alle Lebensbereiche miteinbeziehen, um dadurch die Voraussetzungen zu schaffen, daß sich die gesamte Persönlichkeit weiterentwickeln konnte; denn im Alltag versagen die nur eingeübten Verhaltensweisen allzu schnell.

Kleine, aber wichtige Schritte zur weiteren Entwicklung und Reifung meiner Persönlichkeit wurden ausgelöst. Mein Gefühl für einen menschlicheren Umgang in Familie und Beruf wurde geschärft; ich begann freier, offener und unverkrampfter zu werden, wobei Rückschläge nicht ausblieben. Ich kann mehr „ich selbst sein" und habe weniger Angst vor den Folgen meiner Fehler im Amt.

Ich konnte erfahren, daß es außer Arbeit auch noch andere schöne und wichtige Dinge gibt. Arbeit als tragender Lebensinhalt ist mir zu wenig geworden. Ich möchte nicht mehr nur zweckgerichtet auf ein berufliches Ziel hin leben und ihm mein ganzes Dasein sklavisch unterordnen; ich bemühe mich vielmehr, innerlich und äußerlich freier und unabhängiger zu werden. Diese neue Einstellung ist für mich der schönste Gewinn aus der Gruppenarbeit gewesen.

Ich bin ebenso wie die anderen Mitglieder meiner Selbsterfahrungsgruppe davon überzeugt, daß die Arbeit an uns selbst nach zwei Jahren nicht abgeschlossen sein kann; deshalb treffen wir uns regelmäßig zu Erfahrungs- und Meinungsaustausch. Der Zuspruch und die gegenseitige Unterstützung sind unverzichtbare Hilfen bei dem Bemühen, mit unvermeidlichen Enttäuschungen und Schwierigkeiten im persönlichen und beruflichen Alltag besser fertig zu werden. Dieses helfende Einstehen füreinander als weiteres Ergebnis zweijähriger Gruppenarbeit legt wichtige Grundsteine für mehr Menschlichkeit in Familie und Arbeitswelt. Es wäre ein bleibender Gewinn, wenn dies zu freundschaftlichen Bindungen führt und damit das persönliche Leben bereichert.

Dreizehnter Erfahrungsbericht

Ich bin Zweigstellenleiter in einem Dienstleistungsunternehmen. Neben der Führungstätigkeit bin ich voll im Arbeitsprozeß eingeplant. Die Vielschichtigkeit des Arbeitsgebietes fordert eine ständige Bereitschaft zur Aufnahme von Neuem schlechthin.

Arbeitswelt

Zu der Geschäftsleitung besteht kaum persönlicher Kontakt, bedingt durch die räumliche Trennung. Sie sind in erster Linie Weisungsgeber. Mein Vertreter, einige Jahre jünger als ich, selbstbewußt, zuweilen eigenwillig. Seine Arbeitshaltung ist zufriedenstellend. Personal: Die größte Mitarbeitergruppe sind Meister, mit teilweise sehr unterschiedlichen fachlichen Kenntnissen und menschlichen Qualitäten. Der Bürobereich wird hauptsächlich von Damen verwaltet. Kunden: Menschen aus der großen Palette der Schöpfung. Ihr Auftreten erstreckt sich von freundlich menschlichem bis zu rücksichtslosem Verhalten.

In diesem Arbeitsbereich, immer im offenen Blickpunkt der Öffentlichkeit, eingebunden in ständige Termine, verlaufen meine Arbeitstage. Es ist teilweise ein Arbeiten ohne spürbare Erfolgserlebnisse. Die Übernahme dieser Arbeitsgruppe vor gut dreizehn Jahren, zu Beginn halb so stark, hat mich zunächst nicht überfordert. Auch habe ich immer Kontakt mit den Mitarbeitern gepflegt, sowohl im fachlichen wie im zwischenmenschlichen Bereich. Es herrschte ein gutes Betriebsklima. Diese Harmonie beflügelte mein Schaffen. Die Frequentierung der Zweigstelle wurde immer stärker und forderte schließlich eine Erweiterung der Anlage. Es wurde gebaut und günstigere Arbeitsbedingungen geschaffen. Die Vergrößerung der Zweigstelle hatte jedoch zur Folge, daß allgemein mehr gearbeitet werden mußte und meine Zeit für die Mitarbeiter zwangsläufig sehr eingeschränkt wurde.

Die begonnenen Aktivitäten konnte und wollte ich nicht zurückschrauben, da sie für den Betrieb wichtig und notwendig waren. Zudem lag mir viel an der Imageverbesserung sowohl für das Unternehmen, als auch für die Zweigstelle. Ich erhielt einen Vertreter und das Personal wurde verdoppelt. Damit konnte ich den Arbeitsanfall gut bewältigen, doch war der Störfaktor eines weniger guten Betriebsklimas eingeschleust. Der Wechsel in der Geschäftsleitung, junge Wirtschaftsfachleute mit dynamischer Führungsart, forderte höhere Produktivität. Technische Hilfsmittel sollten einerseits die Arbeit erleichtern und die gewünschte Steigerung herbeiführen, andererseits kam es ihretwegen zu häufiger Konfrontation mit einigen Mitarbeitern, die diesen Neuerungen sehr kritisch gegenüberstanden, ja ablehnten. „Junge" und „Altgediente" bildeten zwei Lager und es bedurfte der ständigen Schlichtung. Solche Spannungen brachten mir manch schlaflose Nacht und eine zunehmende

Resignation, die mich von den Mitarbeitern immer mehr entfernte. Diese Unzufriedenheit löste mein Interesse zur Teilnahme an der Selbsterfahrungsgruppe aus.

Erkenntnisse
Inzwischen bin ich mir bewußt, daß diese menschlich verständliche Reaktion nicht richtig war. Der Mitarbeiter, an den Trott der Arbeitsbewältigung gefesselt, braucht teilweise sehr lange für das richtige Verständnis. Er braucht Betreuung, er will geführt werden. Er wird immer versucht sein, schwierige Entscheidungen auf die Schultern des Vorgesetzten abzuwälzen. Dies spürt man deutlich, wenn er es mit einem uneinsichtigen, problematischen Kunden zu tun hat. Der Mitarbeiter will diese Spannung nicht selbst austragen und erwartet von dem Vorgesetzten die Entscheidung. Hier kann nur dann Abhilfe geschaffen werden, wenn der Mitarbeiter in der Sache gestützt und somit in der Entscheidungsfindung bestärkt wird. Zudem muß ihm auch gewiß sein, daß sein Vorgesetzter hinter ihm steht. Das Vertrauen des Mitarbeiters kann nur dann wachsen, wenn er die Teilnahme des Vorgesetzten zur Lösung seiner Probleme erkennt. Ich für meine Person vermisse dieses „Zuhören" von der Chefetage. Eine bewußte Führung dagegen bringt das erforderliche Vertrauen und die notwendige Ruhe unter den Mitarbeitern. Diese Einstellung überträgt sich auch auf die Kundschaft. Dies ständige Bemühen meinerseits, die Mitarbeiter zu motivieren, hat mir eine noch höhere Arbeitsbelastung eingebracht. Als ständiger Ansprechpartner für Kundschaft und Mitarbeiter spüre ich den zunehmenden Verschleiß, der von dieser Aufgabe ausgeht. Wenn das Delegieren von Sachproblemen nur bedingt möglich ist, muß das Arbeitspensum geschmälert werden. Dies zu erkennen, hat bei mir lange gedauert. Auch die Toleranzschwelle gegenüber den Mitarbeitern mußte vergrößert werden. Es ist nun mal nicht jedem gegeben, sich fachlich wie handwerklich hervorragend und stimmungsmäßig optimal zu geben. Dazu kommen noch die Randbedingungen unserer Zeit. Trotz dieser

Erkenntnisse kann ich menschliches Versagen und Schlamperei nicht ertragen. Sie sind auch mit die Ursachen der Spannungen im Betrieb.

In der Vergangenheit versuchte ich durch kollektive Ermahnungen eine Änderung herbeizuführen. Dieses „Gießkannenprinzip" war für mich einfach, hatte jedoch die Unzufriedenheit der korrekten Mitarbeiter zur Folge. Der einzelne in seinem Fehlverhalten fühlte sich gar nicht angesprochen. Inzwischen bin ich mir bewußt, daß ich mit meinem Eingreifen nur dann etwas bewirken kann, wenn ich einerseits den „Schwachen" mahne, aber auch stütze und andererseits den „Zuverlässigen" bestärke und lobe, der ja im wesentlichen zum Erfolg und Ansehen des Betriebs beiträgt. Von allergrößter Wichtigkeit ist meiner Meinung nach der Mensch mit Herz und Verstand, dem die Technik zwar die Erleichterung bringen soll, der darüber hinaus aber nicht zum seelenlosen Arbeiter werden darf, der nur um des Geldes willen arbeitet und sonst keinen Sinn in seinem Tun sieht. Leider muß ich dies bei einem Teil der Mitarbeiter erkennen. Da diese Haltung meiner Auffassung konträr zuwiderläuft, belastet mich diese Tatsache sehr. Es stellt eine ständige Herausforderung für mich dar, wobei ich erkennen muß, daß eine Änderung dieses Verhaltens fast unmöglich ist. Daraus ergibt sich für mich, daß nicht nur ein hohes Maß an Toleranz, sondern weitaus mehr Geduld nötig ist. Gerade dies ist für mich in meiner Situation schwierig. Ruhe und Gelassenheit bleiben in der Hektik auf der Strecke. Nicht nur der Mitarbeiter, sondern auch der Kunde, der hilfesuchend anruft, um eine Lösung seiner Probleme zu erhalten, wird oft vorschnell abgefertigt und damit sind neuen Mißverständnissen der Keim gelegt. Der notwendige Aufwand des Hinterfragens, wenn auch zeitlich gering gehalten, kann solche Mißverständnisse verhindern helfen.

Der Erfahrungsaustausch mit der Gruppe hat mich diese angeführten Probleme bewußter erkennen lassen. Er hat auch bewirkt, daß ich meine Einstellung selbst etwas nüchterner sehen kann. Mein Verhalten gegenüber den Mitarbeitern ist konsequenter geworden. Ich versuche, mißliebige Situationen anzugehen und nicht auszuweichen. Eine schwerwiegende Konfliktsituation konnte ich im bewußten Angehen lösen. Jedoch muß ich auch zugeben, daß mein Selbstvertrauen durch die Feststellung, nicht genügend Führungseigenschaften zu besitzen, gelitten hat. Bei allen positiven Aspekten, die ich der Gruppe abgewonnen habe, fühlte ich mich bei meinen Führungsproblemen von der Gruppe streckenweise nicht genügend verstanden oder gar allein gelassen. Doch kann ich bemerken, daß eine innere Festigkeit sich in mir ausbreitet, deren Früchte ich in dem Verhalten der Mitarbeiter finden kann.

Schwierig bleibt für mich immer noch das zu viel auf einmal machen zu wollen. Dieses Verteilen von Arbeit muß, soweit dies möglich ist, durchgeführt werden. War ich früher eher geneigt, es selbst zu erledigen, so bin ich heute eher bemüht, eine gerechte Verteilung vorzunehmen. In Erkennung meiner Schwierigkeiten versuche ich die Störfaktoren abzuschwächen bzw. auszuschalten, d. h. mein Planungsziel nicht zu weit abzustecken, bessere Zeiteinteilung vorzunehmen. Mir scheint es doch lohnenswert, wenn die Mitarbeiter in stärkerem Maße in die Verantwortung eingebunden werden. Die Arbeitsfülle läßt sich dadurch kaum abwenden, doch wird mein Bestreben, das Begonnene in den normalen Arbeitszeiten zu bewältigen, mir zum Nutzen sein. Sollten diese Schritte fruchten, dann wäre das Bemühen der Gruppe erfüllt.

Vierzehnter Erfahrungsbericht

Als ich mich als Geschäftsführer eines mittelständischen Einzelhandelsgeschäfts entschloß, an dieser von Prof. Affemann geleiteten Selbsterfahrungsgruppe teilzunehmen, habe ich nicht geglaubt, daß ich mich in meinem Verhalten, meinen Ansichten gegenüber der Umwelt verändern werde, verändern in bezug auf meinen Vorgesetzten, meine Untergebenen und meine Kunden.

Nach einigen Sitzungen wurde mir jedoch bald deutlich, daß die offene, ehrliche, freundliche aber auch (menschlich) kritische Art des Leiters und der Teilnehmer zwangsläufig eine Veränderung in mir bewirken mußte. Bei allen Gesprächen in der Gruppe hatte ich immer das Gefühl, in dieser eingebettet zu sein. Dadurch fiel es mir nicht schwer, sofort offen meine Probleme in meiner Arbeitswelt anzusprechen. Oftmals führten die Gespräche auch zu Änderungen meiner Verhaltensweisen gegenüber Mitarbeitern und Vorgesetzten. Diese (Ver)Änderung war manchmal zu stark und überzogen, so daß ich in meiner Arbeitswelt auch Porzellan zerschlug. Es gelang mir aber, je länger die Gruppensitzungen waren, dies langsam abzubauen. Ich wollte eben alle meine falschen Verhaltensweisen schlagartig ändern und bedachte dabei nicht, daß dazu auch eine gefestigte Persönlichkeit gehört. Diese gefestigte Persönlichkeit ist wohl Ziel aller Teilnehmer.

Meinen Untergebenen gegenüber war ich häufig zu streng, d. h. einige Anordnungen, die ich vorher schleifen ließ, habe ich sofort abgestellt. Dies war nicht immer richtig und klug. Auf der anderen Seite war ich offener zu meinen Kollegen, ich habe sie direkter kritisiert. Ein persönliches Wort in verbindlicher Art war und ist häufig der Fall. Meine Sprache ist bei allen Kritikgesprächen ruhiger und sachlicher geworden. Ich habe erkannt, daß ich auch mehr Verantwortung abgeben muß, letztlich auch um meinen nötigen Spielraum (Freiraum) für private und geschäftliche Gespräche zu haben. Ich versuche weiterhin Kritik nicht mehr pauschal, sondern individuell in Vier-Augen-Gesprächen durchzuführen.

Ich glaube erkannt zu haben, daß mein geändertes Verhalten zu meinen Untergebenen sich positiv für beide „Parteien" ausgewirkt hat. Die Persönlichkeit dieser Menschen ist auch gewachsen mit dem Ziel des gegenseitigen Verstehens und Akzeptierens. Sicherlich ist dieser Prozeß noch nicht abgeschlossen und ich bin gespannt, ob sich mein Verhältnis zu meinen Untergebenen weiterhin günstig entwickelt.

Eine besondere Rolle nehmen während dieser zwei Jahre meine Erfahrungen zu meinen Vorgesetzten ein. Ich war fast zehn Jahre in meinem jetzigen Betrieb tätig, als ich mich entschloß, mich der Gruppe anzuschließen. Da mein jetziger Vorgesetzter in einem anderen Betrieb auch während meiner Ausbildungs(Lehr)zeit mein Vorgesetzter war, entwickelte sich im Laufe der langen Jahre ein nahezu Vater-Sohn-Verhältnis. Wobei der Vater der Dominierende war. Zweifelsfrei ging auch ein starker erzieherischer Moment aus diesem Verhältnis hervor, nur habe ich es nie gelernt, mich auch mal selbständig auf die Hinterfüße zu stellen und meine Meinung auch gegen den Willen des Vorgesetzten durchzusetzen. Ich neigte daher leicht zum „Ja-Sager" und hatte dabei meist ein konfliktfreies Auskommen mit dem Vorgesetzten.

Dieser Mangel an Eigenständigkeit und Durchsetzungsvermögen wurde mir in der Gruppenarbeit doch recht schnell aufgezeigt. Ich war dadurch innerlich sehr aufgewühlt, dachte ich doch, daß ich seither mit meinem Verhalten „richtig" lag. Ich war so aufgewühlt, daß ich auch im Verhältnis zu meinem Vorgesetzten den Bogen dann überspannte. Konfliktsituationen ließen sich nicht umgehen. Mein Vorgesetzter, der seither ja gewohnt war, mehr oder weniger keine Widerrede zu erhalten, wurde jetzt häufiger aggressiv. Vier-Augen-Gespräche, in denen dann die oben von mir erwähnten Punkte angesprochen wurden, nutzten nicht viel. Für mich stand ab diesem Zeitpunkt der Entschluß fest, mich nach einem anderen Arbeitsplatz umzusehen. Dies sollte für mich kein spontaner Entschluß sein, ich ließ mir daher eine Bedenkzeit von zwei Jahren. In dieser Zeit mußte ich mir klar werden, welche Eigenschaften meines Vorgesetzten ich akzeptieren kann, und wie weit ich von meinen mir selbstgesetzten Forderungen gegenüber meinem Vorgesetzten und dessen Ansichten zur Arbeitswelt zurückschrauben kann.

Besonders schlimm ist für mich die Tatsache, daß insbesondere dann, wenn der geschäftliche (Umsatz)-Erfolg ausbleibt, das Verhältnis Vorgesetzter – Mitarbeiter besonders gereizt ist. Ist der (Umsatz)-Erfolg da, ist die Kritik und das Verhalten des Vorgesetzten gleich menschlicher und direkter. Oberflächliche Pauschalkritiken sind dann ganz selten. Diese Situation ist für mich deshalb so schlimm, weil ich der Meinung bin, daß gerade in schwierigen geschäftlichen Zeiten das Verhältnis Chef – leitender Mitarbeiter nicht getrübt sein sollte. Während ich diese Zeilen schreibe, ist eine geschäftliche Aufwärtsentwicklung festzustellen und da außerdem mein Vorgesetzter und ich versuchen, etwas aufeinander zuzugehen, fällt diese Momentaufnahme positiv aus.

Auch mein Verhältnis zu Kunden hat sich analog zu dem Verhältnis gegenüber Mitarbeiter und Vorgesetzer geändert. War ich doch lange Zeit derjenige, der jedem Kunden alles recht machen wollte. Heute möchte ich es ebenfalls jedem Kunden recht machen, nur gehört dazu, daß ich auch mal „nein" sage und dies auch vertrete. Da ich während der zwei Jahre an Selbstbewußtsein gewonnen habe, riskiere ich heute, auch einen Konflikt auf mich zukommen zu lassen und diesen dann auszutragen. Als verantwortlicher Mitarbeiter sitze ich oftmals zwischen zwei Stühlen, auf der einen Seite sollen alle Tätigkeiten zum Wohle des Unternehmens gehen, auf der anderen Seite sind Mitarbeiter und auch Kunden Menschen und keine Roboter, die ein Anrecht haben, menschlich behandelt zu werden. Mir wurde in diesen zwei Jahren klar, daß menschlich nicht gleichzusetzen ist mit nachgeben und auf alle Wünsche eingehen, sondern daß dazu eine gewisse Portion Härte, Führungsverhalten und Geradlinigkeit gehört. Die eigenen Fehler auch eingestehen, gegenüber Untergebenen und Kunden, dies offen und ehrlich zu tun, ist mir während der Gruppenarbeit deutlich geworden.

Für mich bedeutet das Ende der Selbsterfahrungsgruppe der Anfang, um an mir noch intensiver zu arbeiten. Vieles wurde von der Gruppe und dessen Leiter bei mir in Bewegung gebracht, ordnen und lenken muß ich es selber. Die Einsicht bei mir ist da, hoffentlich die innere Stärke für die nächsten Jahre, ja für mein ganzes Leben, auch!

VII. Konsequenzen

Die Erfahrungsberichte vermitteln einen Einblick, wie es in den Gruppengesprächen zuging. Sie geben in gewissem Umfang Aufschluß darüber, ob das Ziel der Selbsterfahrungsgruppen: Persönlichkeitsbildung erreicht wurde und werden kann.

Aus den Berichten wird deutlich, daß mehr Stabilität erlangt wurde. Fähigkeit und Bereitschaft, selbständig zu arbeiten, Verantwortung zu tragen, sich beruflich mobil zu halten, sind gewachsen. In der Beziehung zu Mitmenschen, wesentlich auch zu den Mitarbeitern, hat sich manches gebessert. Die Berichte sprechen von vielem anderen mehr, das auf Zuwachs von Persönlichkeit hindeutet. In diesem Zusammenhang ist es interessant, zu welchen Ergebnissen die graphologische Beurteilung der einzelnen Gruppenteilnehmer kam. Weil jeder Bewerber vor Beginn der Gruppen einen handgeschriebenen Lebenslauf eingereicht hatte, war ein Vergleich mit dem Schriftbild am Ende der Gespräche möglich. Dieser Vergleich ergab bei jedem Teilnehmer Veränderungen. Bei jedem war eine Entwicklung eingetreten, mit der ein Zuwachs an Persönlichkeit einherging. Die Veränderungen sind bei den einzelnen unterschiedlich stark ausgeprägt. Bei diesem oder jenem – ein Teilnehmer berichtet ja davon – zeichnet sich ab, daß Verkrustungen aufgebrochen wurden und daß der Umbruchprozeß erst beginnt. Bei anderen ging die Entwicklung schon weiter.

Sowohl die persönlichen Berichte wie die graphologischen Ergebnisse sagen freilich nichts darüber aus, ob die Reifung weitergehen wird, wie weit sie reicht, oder ob es gar – z. B. wegen widriger Bedingungen in den zwischenmenschlichen Beziehungen – zu einem Rückfall kommt. Die analytische Erfahrung zeigt aber, daß Entfaltungsprozesse, die mit jenen Methoden in Gang gebracht wurden, oft eine Eigendynamik erhalten, welche die Reifungsbewegung vorantreibt.

Warum berichten wir hier zum Teil bis in die Einzelheiten über jenes Verfahren zur Persönlichkeitsbildung? Auf der einen Seite möchten wir, wie wohl immer bei Veröffentlichungen, mit denen in Verbindung treten, die ähnliches versuchen. Wir möchten unsere Erfahrungen zur Verfügung stellen, um anzuregen und erhoffen von anderen Anregungen zu empfangen. Darüber hinaus aber wollen wir mit diesem Buch das Anliegen Persönlichkeitsbildung bei Führungskräften durch analytisch orientierte Selbsterfahrungsgruppen fördern.

Sieht man, wie sehr sich Krankheiten und Störungen ausbreiten, die auf unsere Lebensbedingungen sowie auf unsere Art zu leben zurückgehen, so drängt sich der Zweifel auf, ob die Ärzte und andere Therapeuten den Wettlauf gegen die zunehmende Zahl der Krankheiten gewinnen werden.

Wir alle wissen, daß unser Gemeinwesen in vieler Hinsicht gefährdet ist. Hier kann bereits eine kleine Zahl von Führungspersönlichkeiten Großes bewirken. Viele Bürger würden neuen Mut fassen und neue Hoffnung schöpfen, wenn es mehr überzeugende und vertrauenserweckende Führungspersönlichkeiten gäbe. Bildung zur Führungspersönlichkeit ist schwierig. Sie ist wichtig. Der Einsatz lohnt sich. Es kommt aber darauf an, sich nicht mit solchen Feststellungen und Forderungen zu begnügen, sondern man muß mit der Tat anfangen, man muß etwas verwirklichen, man muß sich selbst engagieren – eine andere Möglichkeit gibt es nicht, die Gefahr für unser Gemeinwesen abzuwehren. Dieses Buch sollte über einen Versuch berichten, die vorgetragenen Ideen in die Tat umzusetzen.

Zum Autor

Prof. Dr. Dr. Rudolf Affemann wurde 1928 in Frankfurt am Main geboren. Er absolvierte ein Parallelstudium der Evangelischen Theologie und der Medizin und promovierte in beiden Disziplinen. Dem Studium folgte eine Fachausbildung zum Analytischen Psychotherapeuten und 1956 die Eröffnung einer eigenen Praxis in Stuttgart. Seit 1965 ist Prof. Affemann außerdem als Personalberater tätig.

1979 erfolgte seine Berufung zum Leiter des Instituts Mensch und Arbeitswelt in Baden-Baden. Seit 1987 übt er eine Lehrtätigkeit an der Führungsakademie des Landes Baden-Württemberg aus. Neben zahlreichen weiteren Büchern zu Gesellschafts-, Wirtschafts-, Bildungs- und Gesundheitsfragen veröffentlichte Prof. Affemann seit 1956: „Krank an der Gesellschaft" (1973), „Der Mensch als Maß der Schule" (1979), „Woran können wir uns halten?" (1980), „Es gibt immer einen Weg" (1990), „Unternehmensführung – Made in Europa. Gestalten mit Führungskultur" (1991) sowie „Mensch und Arbeitswelt" (1995).

MIX
Papier aus verantwortungsvollen Quellen
Paper from responsible sources
FSC® C105338

If you have any concerns about our products,
you can contact us on
ProductSafety@springernature.com

In case Publisher is established outside the EU,
the EU authorized representative is:
Springer Nature Customer Service Center GmbH
Europaplatz 3, 69115 Heidelberg, Germany

Printed by Libri Plureos GmbH
in Hamburg, Germany